ACCESO GRATIS a la Lectura en la Nube

Para visualizar el libro electrónico en la nube de lectura envíe junto a su nombre y apellidos una fotografía del código de barras situado en la contraportada del libro y otra del ticket de compra a la dirección:

ebooktirant@tirant.com

En un máximo de 72 horas laborales le enviaremos el código de acceso con sus instrucciones.

La visualización del libro en **NUBE DE LECTURA** excluye los usos bibliotecarios y públicos que puedan poner el archivo electrónico a disposición de una comunidad de lectores. Se permite tan solo un uso individual y privado

DERECHO/LITERATURA EN AMÉRICA LATINA

Un análisis comparatista desde el género

Procedimiento de selección de originales, ver página web:
www.tirant.net/index.php/editorial/procedimiento-de-seleccion-de-originales

Diego Falconí Trávez

DERECHO/ LITERATURA EN AMÉRICA LATINA

Un análisis comparatista desde el género

tirant humanidades
Valencia, 2024

DIRECTORA DE LA COLECCIÓN
ASUNCIÓN BERNÁRDEZ RODAL
Catedrática de la Facultad de Ciencias de la Información. Universidad Complutense de Madrid

Falconi Travéz, Diego, autor
Derecho/Literatura en América Latina : un análisis comparatista desde el género / Diego Falcino Travéz. -- Primera edición. -- Valencia : Tirant lo Humanidades, 2023.
178 páginas.
Incluye referencias bibliográficas.
ISBN: 978-84-1982-570-4
1. Derecho y literatura. 2. Feminismo y literatura. 3. Homosexualidad en la literatura. 4. I. Título.
LC: PN56.L33 CDD: 808.803554 ed. 23
Catalogación en publicación de la Biblioteca Carlos Gaviria Díaz

Primera edición: 2023
Primera reimpresión 2024

EDITA: TIRANT LO BLANCH
C/ Artes Gráficas, 14 - 46010 - Valencia
TELFS.: 96/361 00 48 - 50
FAX: 96/369 41 51
Email: tlb@tirant.com
www.tirant.com
Librería virtual: www.tirant.es
ISBN: 978-84-1982-570-4

Agradecimientos

A Farith Simon, a Daniela Salazar y a todas las personas que han colaborado con el grupo de investigación Intertextos entre el derecho y la literatura de la USFQ, por su confianza en esta indagación interdisciplinar que aún está en germinación.

A mis compañerxs feministas y transfeministas, sexodisidentes, *queer* y cuir, quienes tanto me han enseñado en estos años en la academia, el activismo y el ejercicio legal.

A Megan Edwards y Pamela Robayo por la corrección ortotipográfica de este texto.

A Teresita.

Índice

INTRODUCCIÓN

1. DESCIFRAR LOS VÍNCULOS ENTRE EL DERECHO Y LA LITERATURA

En *El proceso* de Franz Kafka, uno de los personajes más inquietantes que aparece en el disparatado juicio seguido en contra del señor K es el pintor Titorelli. La extrañeza del artista tiene que ver, en gran medida, con su cercanía respecto al discurso jurídico. Titorelli reconoce que a pesar de ser un pintor habla "casi como un jurista [...] por el trato ininterrumpido con los señores del tribunal" (Kafka, 2004, p. 233). De hecho, al tener que retratar en sus lienzos a los "vanidosos jueces" (2004, p. 233) termina convirtiéndose en *artista judicial,* figura tan influyente en la judicatura que incluso puede repercutir en el crucial acto de impartir justicia. No obstante, hay un detalle que exacerba más aún esta extraña cercanía: el señor K descubre que el "estudio [del pintor] pertenece a las dependencias del tribunal" (2004, p. 250). Así, los burocráticos juzgados y el descuidado taller son parte, de modo poco explicable[1], de una misma estructura arquitectónica absurda, en la que puertas y ventanas, como si fuesen pasadizos secretos, demarcan conexiones tan presentes como poco plausibles. De esta forma, la novela pone sobre la mesa, a través del personaje del pintor y del espacio que este habita, un complejo vínculo en el que el arte está supeditado al derecho en Occidente. Laberinto *kafkiano* en el que, indirectamente, urge buscar otros caminos de relación en el antiquísimo vínculo derecho/literatura, para evitar que los procesos arbitrarios aplasten al ser humano.

1. En la novela se comenta que el señor K "fue a ver al pintor, que vivía en los arrabales, precisamente en la dirección opuesta a donde se encontraba el juzgado en el que había estado" (2004, p. 218). De hecho, el señor K descubre la conexión entre el estudio del pintor y el juzgado al subirse a la cama del pintor y ver el tribunal a través de la ventana.

El movimiento *Law and Literature*, articulado en ciertas facultades de derecho de las universidades estadounidenses, y luego anglosajonas y europeas, ha sido importante al momento de buscar caminos menos sinuosos para ver la histórica relación entre el derecho y la literatura. De todas las extensas reflexiones y sus diferentes alcances metodológicos, me interesa resaltar aquellas que ven al fenómeno literario como capaz de alterar la rigidez del derecho y su incapacidad de salir de su propia lógica; que es en parte la responsable de la muerte del señor K en su tránsito por su viciado proceso.

Ronald Dworkin, por ejemplo, resalta cómo la interpretación literaria puede ayudar a mejorar la interpretación judicial a través del concepto de *falacia intencional*, proveniente de la literatura, en el que resulta imposible e infructuoso buscar desentrañar la interpretación *original* de quien escribe el texto, es posible tejer analogías respecto a la imposibilidad de entender "las intenciones del legislador" (1996, p. 43)[2], principio opaco que ha permitido cometer una serie de arbitrariedades en la hermenéutica legal. Richard Posner, en el terreno judicial, llamaba a pensar cómo en la retórica de ganar/perder que establecen los procesos judiciales, "[ciertos] jueces podrían aprender algo del ejemplo establecido por la imaginación de grandes escritorxs[3]" (1996, p. 83), planteando una invitación a usar el modelo de escritor/a/x para afianzar maneras más

2. Esta y todas las traducciones que provengan desde textos escritos en inglés son mías.
3. Incorporo en este libro, centrado en el análisis de género, la propuesta de los movimientos sexo-disidentes de usar la letra "x" en lugar de la "o" o la "a", al menos en los sustantivos que designan subjetividades, para ir más allá de la definición de masculino o femenino, aunque estoy consciente de que pueden aparecer una serie de inconsistencias que entorpecen la lectura de este escrito. Este modo *apócrifo*, hoy sin posibilidad de instauración formal, intenta romper el binarismo del lenguaje español, en la escritura académica, cuestión que considero fundamental para ayudar a pensar las construcciones de género y de colonialidad de la lengua que, en el caso latinoamericano, se siguen pivotando desde la Real Academia Española.

razonables de impartir justicia. Martha Nussbaum, por su parte, busca valorizar la lectura e interpretación que nace de la literatura, a partir de la imagen del aparentemente inútil libro de novelas que termina, nadie sabe bien cómo, en una biblioteca que tiene títulos de economía, derecho o política; no obstante, esa intrusión del texto literario es útil "por su carácter subversivo" (1995, p. 3), lo cual posibilita seguir repensando cuestiones de la *polis* (lo público, lo que nos pertenece a todxs) a partir de una estimulación de la imaginación política. En el campo educativo, Ian Ward llama a pensar cómo para la formación jurídica, el estudiantado de derecho necesita de las humanidades y específicamente de la literatura para la "incorporación de un componente más ético" (2015, p. 110), que muchas veces se pierde en el estudio formalista de la ley y la justicia.

Estas, y varias otras exploraciones, han ensamblado una suerte de mapa que ha ayudado a encontrar caminos entre ambas disciplinas, unidas desde los inicios de la escritura, pero separadas por la insistencia de clasificar desde el rigor y la pureza los compartimentos del saber. La clave de lectura de ese mapa, brújula también de este texto, ha consistido en entender que la literatura no puede ser servil hacia la arbitrariedad judicial (como es el pintor Titorelli respecto al corrompido sistema de justicia) ni el derecho permanecer como un saber normativo sin ideales humanísticos.

2. SITUAR LA REFLEXIÓN JURÍDICO-LITERARIA LATINOAMERICANA

En la literatura de América Latina los senderos que unen al derecho con la literatura han sido todavía más complejos que los presentados en *El proceso*, especialmente si atendemos a la violenta conquista española, que articuló sistemas culturales y textos literarios diferenciados. Tomo como ejemplo, el momento fundacional de las *letras* (no de la literatura, que existió en la época prehispánica) en la zona de los Andes (Cornejo Polar, 2005, p. 171), cuando Atahualpa, el último soberano de la civilización inca, la más grande en las Américas, se entrevista con el Padre Valverde. El sacerdote le entrega la Biblia al gobernante nativo y le explica que es la palabra de dios. La versión del fray Martín de Murúa relata este evento en su crónica[4], *Historia General del Perú*:

> Sólo que habiéndole dicho el padre Fr. Vicente a Atao Hualpa que lo que le enseñaba lo decía aquel libro, y ello mirase y ojease para *oírselo*, y no le oyese palabra, mohíno y enfadado dello, y ver cuán diferentes razones le proponían de lo que él había esperado y concebido en su entendimiento de los mensajeros que él pensaba ser del Hacedor y Viracocha, arrojó el libro en el suelo, sentido de no hallar lo que esperaba [...] a lo cual dando voces el padre Fr. Vicente de Valverde y diciendo: ¡cristianos, los evangelios de Dios por tierra! arremetió don Francisco Pizarro con los suyos (Murúa, 2000, pp. 198-199, el énfasis es mío).

La Biblia, documento polisémico de la fe, la ley y la ficción occidental, no puede ser entendido por la persona nativa, ni siquiera la más poderosa de entonces, debido a que no es la escritura sino la oralidad, junto a otras formas de representación (el tejido, la cerámica, los *kipus*), el modo de transmisión de información en su sistema cultural. Las normativas legal, espiritual y literaria, contenidas en el formato del libro, se imponen sobre aquellas indígenas, pero sin hacerlas desaparecer por completo. Lejos de que ocurra un proceso de "mestizaje textual", que dejaría la relación escritura/oralidad y blancx/indígena en una desproblematizada síntesis hegeliana, se devela la complejidad de las letras latinoamericanas, marcadas por formas narrativas, temas, motivos, estéticas, estructuras textuales e identidades autorales que son contrapuestas y contradictorias, y que le dan un particular registro; tal como puede verse en la crónica de Guamán Poma de Ayala, descendiente de la nobleza inca, que respecto al mismo suceso, el de la muerte de Atahualpa, incluyó una ilustración en su relato escrito.

4. Escojo esta versión por plantear más que las otras, por ejemplo, de Garcilaso de la Vega o de Pedro Cieza de León, el uso del oído por parte del soberano inca respecto al libro. No obstante, en todas se ve este no entendimiento por parte del Inca.

Figura 1. Ilustración. *Nueva Corónica y Buen Gobierno* (1615)

De esta manera, el libro es un sendero resbaladizo entre la literatura y el derecho, que se *mira* para *oírse* y que da cuenta de cómo la letra, literaria y jurídica, debe reinventarse en América Latina.

Delimitada esta particularidad es importante situar a los estudios de derecho y literatura en América Latina. Estos, en los últimos años, han difundido en español y en portugués, varias de las ideas articuladas por los *Law & Literature studies*, haciendo traducciones, adaptaciones y alcances fundamentales a algunos de sus postulados, por parte de teóricxs provenientes de Brasil, Colombia, Chile, México, Argentina o Ecuador cuya totalidad no puede ser incluida en este breve estudio (Marí, 2015; Karam Trinidade, 2009; Roggero, 2015; Botero, 2016; Karam, 2020; Soto Hoyos, 2014; Jiménez Moreno, 2021; Falconí Trávez 2016a). Sus contribuciones han nutrido y fortalecido este campo interdisciplinar, a las que se han sumado la creación de redes nacionales y regionales, publicaciones colectivas, revistas indexadas, encuentros académicos internacionales e incluso programas televisivos. Desde luego esto tiene un valor gigantesco para la apertura de campo y para articular diálogos transnacionales que amplíen la reflexión de ambos campos del saber.

Y es que la propia definición de lo literario y lo jurídico que se ensambla, por ejemplo, con la crónica de Murúa, obliga a pensar que la literatura y el derecho latinoamericanos, en su interacción, necesitan de repertorios textuales, críticos y metodológicos propios, no para negar presupuestos literarios y jurídicos articulados en Estados Unidos, Europa u otras regiones, sino para comprender sus alcances en una justa medida y ver cuáles funcionan (o no) en la región y sus diferentes contextos. Solo con esta reflexión situada (fundamental, además, en esta época de revisión eurocéntrica y poscolonial) es posible hacer que estos estudios interdisciplinares y transnacionales tengan sentido más allá de la cíclica *ciudad letrada* (Rama, 1998), que al tener más resonancia y poder en el campo cultural, tantas veces tergiversa la heterogénea realidad en la región.

Por ello, en América Latina el corpus literario a usarse para los estudios de derecho y literatura (o cualquier otro estudio) no puede ser solamente el de la novela, el relato breve o la poesía, géneros canónicos de las letras en Occidente. Es preciso entender cómo desde la propia fundación de las letras en la región, la *crónica* ya fue un género que mezclaba historia y ficción, y articulaba un perímetro que no solamente podía ser explicado por un canon de clásicos *universales*; sino por formas textuales híbridas que tensan a menudo *lo que es* la literatura. Esto obliga, en esta etapa de construcción de la intersección derecho y literatura, con todo su abanico de relaciones, a recurrir a diversos textos literarios y autorías de la región, que en sus particularidades y posibles articulaciones (andina, caribeña, del Cono Sur, indígena, decolonial, transcultural, etc.) permitan el ensamblaje de una *disciplina indisciplinada*, que sea lo suficientemente amplia para interpretar de manera compleja y certera la colosal realidad continental.

En esta misma línea, quiero señalar que la configuración de la literatura y el derecho, desde una impronta que piense en la transformación crítica de ambas disciplinas, debe pasar por teorías particulares como la interculturalidad, la decolonialidad, los estudios de género interseccionales, el neoconstitucionalismo, entre otras. Así como sumar autorías de carácter teórico que, en América Latina, sin necesariamente estar en diálogo con los estudios de derecho y literatura, plantearon, antes o después, modos complejos de relación interdisciplinar.

Finalmente, se debe comentar que parte de esta particularidad latinoamericana en ambos campos del saber no puede pensarse sin una ética y práctica de los derechos humanos, los cuales han tenido un papel tan importante en los sistemas legales de la región (cuestión que no ha sucedido, por ejemplo, con los Estados Unidos que mantiene su normativa nacional por aquella del Sistema Interamericano de Derechos Humanos del continente). Entender estas brújulas de pensamiento, que han moldeado principios, métodos y estéticas, resulta vital para comprender la particularidad normativa, estética, cultural e histórica de la región.

Todas estas ideas, lo que intentan es expresar cómo el estudio interdisciplinar derecho/literatura, obligadamente requiere de una mirada aglutinadora y situada respecto a los sistemas culturales y legales en la región.

3. EL GÉNERO COMO CATEGORÍA DE ANÁLISIS PARA COMPRENDER AL DERECHO Y LA LITERATURA

Vuelvo por un segundo a los dos personajes que he mencionado en líneas anteriores, el señor K, Atahualpa y también a sus *contrapartes*, al menos en esta reflexión que he demarcado a través de dos pasajes puntuales, el pintor Titorelli y el sujeto español, escindido entre el Padre Valverde y el conquistador Pizarro. Salta rápidamente a la vista que los cuatro(/cinco) protagonistas son hombres que cumplen una función actancial en sus relatos, emplazados en el espacio público. En esta línea, las historias donde se desarrollan sus acciones corresponden a la narración jurídico-existencial y la épica de la conquista, respectivamente. Cabe mencionar que en estos relatos los personajes femeninos no aparecen (y cuando lo hacen, en otros momentos, son apariciones circunstanciales y vinculadas a las acciones de los personajes masculinos). Es decir, el señor K y Atahualpa son personajes que, aunque diferentes, están caracterizados desde roles que se establecen por el género, en tanto que construcción social de la sexualidad, y en narraciones marcadas por la mirada patriarcal.

Incluso a nivel extradiegético, las lecturas que se han hecho sobre los textos de las crónicas sobre Atahualpa y Kafka no solo han sido realizadas mayoritariamente por hombres, sino también sin atención a su construcción de la masculinidad (Segas, 2016; Pan, 2003). De allí que, por ejemplo, haya poca reflexión respecto a las relaciones de violencia debido a los imperativos de ser hombres en estos personajes; o que se asuma automáticamente, por la historiografía o los estudios literarios, que son heterosexuales.

Sin embargo, la realidad contemporánea obliga a pensar a la literatura y al derecho, sea como disciplinas individuales o en diálogo, desde la mirada del género, en tanto que categoría analítica. Feminismos; teorías gays y lesbianas; estudios *queer*, cuir y trans; y teorías de las masculinidades han sido transversales para comprender y repensar elementos profundos del fenómeno literario como pueden ser el canon, las formas de construcción textual, las autorías, la interpretación y recepción, la traducción, etc. Pero también para modificar una serie de instituciones, principios y prácticas jurídicas con una larga historia de desigualdad y discriminación, que se ha sostenido gracias a los cisheteropatriarcados. Precisamente, la histórica ausencia de miradas críticas tanto en la representación jurídica como en la cultural es la que ha hecho indispensable un análisis de género transversal en ambas disciplinas (y en todos los compartimentos del saber).

En el caso específico de los estudios de derecho y literatura, se debe mencionar cómo las teóricas feministas estadounidenses entendieron que este vínculo interdisciplinar era una oportunidad que, desafortunadamente, estaba siendo desperdiciada por su falta de reflexión crítica y política respecto al género. Así, Carolyn Heilbrun y Judith Resnik acusaban cómo en las décadas de los 70 y los 80 del siglo pasado, las cuales coinciden con la visibilización de los procesos feministas, antirracistas, sexodiversos, etc., varias "clases con los nombres 'derecho y literatura' encontraron un lugar en las facultades de derecho, pero mayoritariamente dejaron por fuera las experiencias de las mujeres y la crítica feminista" (1996, p. 94).

Es por esto que autoras feministas, conocedoras de ambas disciplinas, lograron posicionar temas e ideas, hoy fundamentales en el canon de los estudios jurídico-literarios. Por ejemplo, Robin West decía que lo que juntaba al feminismo y al movimiento derecho/literatura, de manera "interesada y ambigua", era el deseo de alcanzar la "justicia"; pero también una "compartida marginalidad en la educación jurídica" (1997, p. 217). De allí, la importancia del pensamiento insurgente feminista, para alcanzar estratégicamente derechos y reflexionar sobre las estructuras que impiden la protección jurídica de ciertas personas, a través de la alianza de otros campos *minoritarios* en el estudio de la ley. Otras autoras, por su parte, lograron crear genealogías, como Lisa Weil que utilizaba la obra y autoría de Virgina Woolf para plantear las estructuras necesarias para una jurisprudencia incluyente en favor de los derechos de las mujeres, en su individualidad y pluralidad (Weil, 1994).

Autoras feministas afrodescendientes complejizaron más aún la relación derecho/literatura al incorporar conceptos de raza, tal como realiza Angela Harris. Ella (partiendo del clásico "Funes el memorioso" de Borges) critica a las teóricas feministas del movimiento derecho/literatura (en su análisis Catharine MacKinnon y la propia West) por su "concepción de una experiencia unitaria y 'esencial' de las mujeres, la cual puede aislarse y describirse independientemente de la raza, la clase, la orientación sexual y otras realidades vinculadas a la experiencia" (1990, p. 585). En suma, los aportes de los feminismos fueron esenciales para plantear críticas que aterrizaran en el cuerpo y que nutrieran algunos de los debates metodológicos, temáticos e interdisciplinarios que necesitaban reflexiones desde el género.

A estos se sumaron la mirada gay, lesbiana o *queer*. Por ejemplo, la de Greta Olson, quien define la sexogenerización de ambas disciplinas, lo masculino del derecho y lo femenino de la literatura, como un romance heteronormado, que tiene una implicancia en las decisiones jurisprudenciales (Olson, 2012). También hay otras aproximaciones, no necesariamente desde el campo del derecho/literatura, pero asediando a ambas disciplinas. Por ejemplo, cuando Monique Wittig habla del contrato social heterosexual (2005); o cuando Eve Kosofsky Sedgwick, para hablar del pánico homosexual, vincula la jurisprudencia en diálogo con los textos literarios (1998, pp. 242-260).

En cuanto a la reflexión de género en América Latina, hay que destacar su riqueza y particularidad. Marcela Lagarde explica al respecto cómo en la región el género es una categoría compleja en la que coexisten las acciones de movimientos sociales, las indagaciones teóricas y la ética devenida de los derechos humanos (1996, pp. 26-35). Esta compleja interacción ha permitido la articulación de teorías inéditas en los feminismos y los estudios *queer*. A decir: el feminismo decolonial latinoamericano, el feminismo comunitario o los estudios cuir. De allí que el análisis y la perspectiva de género de estas teorías innovadoras y transformadoras deban introducirse en los estudios de derecho y literatura: para ampliar su mirada y así aprovechar su capacidad crítica e interdisciplinar, más allá de posicionamientos complacientes, a menudo escondidos bajo una ética de la diversidad y la inclusión, la cual no realiza críticas profundas a los sistemas normativos.

Aprovechar la insurgencia que aún existe en los estudios de género y en los estudios derecho/literatura en América Latina, me parece que es una forma de criticar aquel componente cisheteropatriarcal que constituye, en gran parte, a ambas disciplinas.

4. GÉNERO EN EL DERECHO Y LA LITERATURA DE AMÉRICA LATINA

Este libro quiere ser parte de estos debates interdisciplinarios y transnacionales para, desde una perspectiva crítica y situada, repensar la potencialidad de la intersección derecho/literatura, aplicando una focalización de los estudios del cuerpo y la sexualidad. Específicamente, mi reflexión desde el género se inserta en el campo de la teoría y literatura comparada, desde sus paradigmas más amplios (Fokkema, 1998) y entendiendo la centralidad de las diferentes subjetividades para comprender el devenir contemporáneo de la teoría (Pozuelo Ivancos y Aradra Sánchez, 2000, pp. 20-21), que han dado apertura a reflexiones feministas o *queer* (*cfr.* Butler, 2001; Halberstam, 2005). Asimismo, se nutre de los estudios culturales que, presentes en varios programas de América Latina, ayudan a pensar la complejidad del archivo cultural y el literario (Walsh, 2003) y la construcción de los cuerpos a través de los textos, desde una mirada feminista y sexodisidente[5] (Franco, 2000). Y, por supuesto, desde los estudios de derecho/literatura, aunque con los nutrientes generados del estudio de los derechos humanos, central para apuntalar el análisis desde éticas y principios, con el objetivo final de garantizar el cumplimiento de derechos fundamentales (García Méndez, 2010).

5. Hago una diferenciación entre sexodisidente y sexodiverso. El primero lo entiendo referido a subjetividades menos convencionales que las de la más uniformizada y edulcorada diversidad sexual LGBT especialmente, aunque con profundas contradicciones que hacen que lo sexo-diverso y sexo-disidente no puedan ser categorías absolutas de diferenciación. En todo caso, uso esta distinción.

Este punto de partida, diferente al usual de los estudios derecho/literatura, que se afinca tradicionalmente en la filosofía del derecho, busca implementar diálogos fraternos y críticos que ayuden a amplificar puentes y problematizaciones en este ejercicio comparatista. De allí también que haya que empezar a pensar no sólo en los estudios de derecho/literatura sino también en aquellos de literatura/derecho, para dar cuenta de los desvíos necesarios que deben ocurrir cuando se aplican categorías a contextualizarse en campos regionales.[6]

Debo mencionar también que tengo conciencia que al ser este un trabajo iniciático que se ubica en el vértice conformado por derecho/literatura, registro latinoamericano y género, realiza análisis riesgosos e *indisciplinados*, que son absolutamente insuficientes para la comprensión total de una compleja realidad; y que, aun así, aspiro ayuden a nutrir tanto al derecho como a la literatura de modo individual, pero sobre todo en su interacción. El estudio que se presenta a continuación, más que establecer principios o límites desde el género en el análisis jurídico-literario de la diversa y heterogénea región latinoamericana, busca ejemplificar las posibles derivas de un campo ciertamente en construcción.

Para ello, planteo cuatro casos de estudio y un epílogo, los cuales, siguiendo las premisas que he esbozado en estas breves líneas introductorias, buscan utilizar textos ejemplares para pensar la relación entre derecho y literatura en la región, pero atendiendo a las relaciones de género que se articulan intra y extradiegéticamente. Así, me alejo en este libro de personajes como el señor K y Atahualpa, de épicas e historias de grandes procesos; y de autorías como la de Murúa, y los otros cronistas, o la de Kafka, no porque no se puedan y deban leerse sus textos

6. Esto afectará la clasificación bastante difundida que permite entender las intersecciones entre ambos compartimentos del saber a partir de tres preposiciones: *en*, *como* y *de* (Page, 1986; Karam Trinidade y Magalhães Gubert, 2009): el derecho *en* la literatura, el derecho *como literatura* y el derecho *de* la *literatura*, que tanta discusión han tenido.

desde el género, sino porque creo fundamental intentar dar centralidad a autorías, personajes, espacios e historias que den cuenta de otras corporalidades, procesos de subjetivación y estéticas. Mujeres, lesbianas, maricas, homosexuales, personas travestis y trans, entre otrxs.

El primer capítulo analiza la literatura de la ecuatoriana Dolores Veintimilla, escritora cuya vida, muerte y canonización se vinculó a complejos procedimientos que operaron por su condición de mujer. Su figura nos permite entender cómo las mujeres no tenían derecho a ser autoras dentro de un canon literario en formación, que se vincula a ejercicios políticos y jurídicos que constituían el Estado patriarcal, y en los cuales los hombres seguían una lógica de acoso e intimidación contra la mujer que intenta disentir. Sin embargo, releer a esta autora desde el feminismo, posibilita entender formas éticas y estéticas insurgentes que dan cuenta de la importancia de su literatura y escritura en el Estado.

El segundo capítulo se centra en llevar al campo literario dos conceptos claves articulados desde el derecho: el de interseccionalidad, propuesto por la pensadora feminista afrodescendiente Kimberlee Crenshaw, y el de precedente, del teórico Ronald Dworkin. Para ello, me centro en dos obras autográficas de la escritora uruguaya Cristina Peri Rossi, las cuales dan cuenta de tres cosas: el rescate de la voz de la niña lesbiana, las complejas e interseccionales formas de violencia con las que tiene que lidiar y el entendimiento de las afectaciones a través del texto literario. Hacia el final del artículo la reflexión busca mostrar cómo amor y erotismo, desde una mirada no normativa y vinculada a la teoría de los afectos feminista y *queer*, puede ayudar a reparar los daños cometidos contra la niña lesbiana.

El análisis de la homosexualidad, así como de la vida y muerte por el VIH/sida en personas gays en los años más complejos de la enfermedad, es el centro del tercer capítulo. Para ello, y desde una mirada bioética, me afinco en el concepto de anormalidad, de manufactura médico-legal, para analizar los procesos de patologización de las personas homosexuales, gays y sexodisidentes que han hecho que, en textos literarios y jurídicos, no tengan futuro y estén condenadxs a la fatalidad. Serán las obras de Pablo Palacio, Fernando Vallejo y Luis Negrón las que permitan analizar estas problemáticas: para luego pasar a indagar sobre las literaturas del cuidado, ligadas a formas de pensamiento y escritura ante la vulnerabilidad del cuerpo homosexual, marica, gay y seropositivo.

El cuarto capítulo busca pensar el testimonio, en tanto que forma literaria y jurídica de altísima trascendencia en el canon regional y en las cortes de derechos humanos, desde autorías olvidadas por el canon: las sexodisidentes. Para ello, la centralidad estará en el análisis del testimonio de la mujer trans Purita Pelayo, que da cuenta de la vida travesti y gay que desvela la intensa violación de derechos humanos en el Ecuador, la cual aún no tiene reparación. El segundo caso analizado será el del colombiano Diego Posada y el proyecto la República Rarita, para entender formas contemporáneas y diaspóricas en las que se repiensa la comunidad desde la elaboración-otra de documentos paralegales que parodian la constitución.

El libro termina con un breve epílogo que, a modo de cierre, invita a la reflexión desde las masculinidades, para desmontar las construcciones hegemónicas del hombre y valorar otras formas de ser, como parte del itinerario pendiente y necesario en los estudios de derecho/literatura.

Espero que estas breves pinceladas sirvan para ampliar e intentar encarnar más el análisis crítico, transdisciplinar y situado del entronque derecho/literatura, en este caso desde la metodología del comparatismo literario y las teorías de género.

CAPÍTULO I
Canon literario, Estado patriarcal y contra-lectura feminista. El caso de Dolores Veintimilla[7]

> He aquí lo que puede hacer una mujer calumniada, cuando como yo tiene el derecho de levantar su frente pura, ante todos los hombres sin temor de que haya uno que tenga la facultad de hacerla doblar ruborizada.
>
> Dolores Veintimilla
>
> "Al público"

1. CIFRANDO EL PATRIARCADO EN LA LITERATURA Y EL DERECHO: CANON Y GÉNERO

El canon, concepto fundacional para sostener el sistema literario, tiene dos acepciones que son las más conocidas. La primera, la de ser una medida de valoración de la calidad literaria; y la segunda que se refiere a un selecto repertorio de autorías y textos clásicos que son indispensables para una determinada cultura (Sullà, 1998, pp. 19-22). El

7. He trabajado la figura de Dolores Veintimilla en dos artículos anteriores "Dolores Veintimilla: la construcción literaria del género y la nación en los albores de la independencia ecuatoriana", publicado en la revista *Castilla* (2011) y "Una incómoda vecindad: Dolores Veintimilla y la literatura de negociación con la alteridad indígena en los Andes decimonónicos", publicado en la revista *Lectora* (2013). Esta es una versión más completa y vinculada a los estudios comparatistas entre literatura y derecho.

canon, sin embargo, tiene una tercera acepción: es un mecanismo pedagógico para garantizar la continuación de los valores culturales; es decir, tiene funciones que van más allá de lo literario. Subraya al respecto Itamar Even-Zohar, cómo los textos literarios son bienes y herramientas para preservar, fomentar y enseñar ciertos valores sociales que permiten "consolidar el sentimiento de identidad y bienestar de grandes colectivos" (1999, p. 31). De este modo, el canon literario es un elemento normativo fundamental para mantener en funcionamiento al sistema cultural desde unos valores dominantes.

El canon literario desde esta visión ha servido para pensar también al ordenamiento jurídico. Un caso perfecto de derecho *como* literatura. Por ejemplo, los profesores Jack Balkin y Sanford Levinson comparan al canon literario con la norma constitucional, por el poder que ambos tienen de emanar principios y prácticas. Los autores, se encargan de señalar también sus similitudes y diferencias, sobre todo en el ámbito pedagógico:

> Tanto un historicista constitucional como un crítico literario feminista intentarían revelar la historia del sexismo o del racismo en sus respectivos ámbitos. Sin embargo, en el caso del derecho el resultado consistiría en consagrar estos ejemplos en el canon de modo que los estudiantes puedan confrontarlos y aprender sobre historicidad de las perspectivas constitucionales sobre lo justo y lo correcto. En contraste, un crítico literario feminista podría desechar estos textos luego de revelarlos como ejemplos de las injusticias del pasado (y como un hecho que continúa en la ideología actual). Los propósitos de expansión del canon son, entonces, bastante diferentes en el derecho y en la literatura (2010, p. 97).

En el fragmento se explican las diferencias entre derecho y literatura usando las tres acepciones del canon: calidad, conjunto de textos y valor de enseñanza. Así, el canon literario es más abierto respecto al canon legal que es más cerrado; el canon en la literatura, no nace de unas muy delimitadas entidades, mientras que en el derecho sí; y en la enseñanza, lxs profesorxs de literatura pueden rearmar el canon literario, mientras que lxs profesorxs de derecho no. Más allá de estas particularidades disciplinarias que pueden discutirse, sobre todo en el ejercicio docente, hay algo que me parece debe discutirse y que quiero señalar en el ejemplo que plantean Balkin y Levinson: son lxs profesorxs de literatura quienes pueden ser feministas y no quienes imparten historia constitucional.

El género, como saber transversal, se junta a diferentes naves nodrizas disciplinarias: la sociología, la historia, el arte, la medicina. Y desde allí, tiene distintos métodos, alcances y teorías a las que junta una perspectiva y un análisis. ¿Por qué se usa un ejemplo que junta literatura y género? ¿No habría sido más interesante si quien impartía historia constitucional hubiera sido feminista para así entender las complejidades del saber? Una de las hipótesis que tengo para que se haya caracterizado a quien enseña literatura y género como *opuestx* a quien enseña la historia constitucional *sin género*, puede ser que la explosiva combinación de literatura y feminismo ejemplifica mejor el carácter más disruptivo que a menudo se asocia a la literatura. Si bien, hay un valor en esto también resulta problemático pues pareciera que hay un *rigor* necesario que requiere la enseñanza de la ley y que el género no tiene (peor si se junta con la literatura).

En este sentido, se debe subrayar que los feminismos comparten la preocupación por la falta de la seriedad (más que por la falta de esa compleja palabra: *rigor*) de aquellos estudios que no dan cuenta de la ideología que los conforma; por lo que esa búsqueda de verdad contrastada y *seria*, como ética del conocimiento, es un valor compartido, aunque con diferentes perspectivas. De hecho, una de las bases del estudio del género como categoría analítica ha sido, por ejemplo, el concepto de "lugar de enunciación" (Haraway, 1991), acepción que busca resaltar cómo nuestras observaciones académicas, además de lo que investigamos, dependen también de la posición que ocupamos en el discurso. Muy a menudo, se articula en la construcción del saber una falsa idea de objetividad o *rigor* que olvida que quienes producen conocimiento son cuerpos que, muchas veces, articulan sus ideas desde posturas ideológicas que no perciben aunque sigan los procedimientos y métodos objetivos en su campo disciplinar. Esto puede explicar por qué durante siglos la objetiva ciencia consideró inferiores a las mujeres o a las personas afrodescendientes; por qué solo en 1990 la homosexualidad fue removida del catálogo de enfermedades de la OMS; o por qué la transexualidad se sigue normando, en casi todo el mundo, como patología y proceso a judicializarse. En otras palabras, para los feminismos la idea del *qué* del conocimiento debe también analizarse en virtud del *quien* de ese conocimiento para entender aquellos mecanismos invisibles en la producción del saber que son los que permiten diagnosticar problemas para repensar críticamente las instituciones y las prácticas sociales.

Analizar el mencionado lugar de enunciación en el canon ha sido importante. No solo para incluir (o no) ciertos textos literarios que enseñen otros valores sociales (el racismo o el sexismo), sino para cuestionar las formas y prácticas que están en la construcción misma del canon[8], sea literario o jurídico. Los aportes de varias teóricas feministas desde ambas orillas, la del derecho y la de la literatura, han hecho apuntes para dar cuenta de ciertos *vicios canónicos*, es decir de la estructura de esa institución pero también de quiénes lo construyen.

Lillan Robinson plantea, en este sentido, cómo es posible pensar en el canon literario y su elaboración "como un artefacto totalmente caballeroso" (Robinson, 1998, p. 117), resaltando cómo en el análisis literario también hay divisiones de género, que rara vez han estado en discusión y que, desde formas elegantes pero condescendientes, han articulado un saber vertical reacio al cambio.

Judith Resnik, por su parte, comenta cómo es fundamental romper esa idea de supuesta objetividad del derecho que para la enseñanza requiere una supuesta independencia de otros saberes. Desde una crítica feminista situada ella propone analizar los textos canónicos de la ley para entender *cómo* funciona el derecho, pero *qué* elementos son necesarios cuestionar en la práctica educativa:

8. Aunque espero que haya quedado claro, cuando hablo de canon jurídico no me refiero al concepto vinculado a la propiedad intelectual sino al sistema normativo.

> En suma, para entender y enseñar la jurisdicción federal, la doctrina y la abstención de las decisiones jurisprudenciales; las divisiones entre las judicaturas federal y estatal; y las interacciones entre juecxs, litigantxs, abogadxs y juradxs [en Estados Unidos] se debe conocer tanto la historia de la exclusión de las mujeres de la vida legal como acerca de la literatura feminista contemporánea (1993, p. 1189).[9]

De esta manera, es importante entender cómo el debate del canon literario, así como sus posibles diálogos o metáforas con el derecho, se encuentra delineado por una construcción cultural fundante: la división de género. Y en este sentido, si bien se debe entender que hay métodos y problemas diferentes entre el derecho y la literatura, es legítimo pensar que conceptos complejos como el canon, a través de enfoques innovadores, pueden encontrar no solo las diferencias metodológicas sino también los fines y las prácticas comunes que permiten hacer una evaluación histórica responsable y una enseñanza adecuada de ambas disciplinas, por separado y en conjunto, sin camuflados temores respecto al *tendencioso* análisis de género. De hecho, hacer un análisis sin género, categoría analítica, que ha problematizado ejemplarmente la falta de seriedad de muchos análisis que se han considerado como veraces sin revisión a su construcción cisheteropatriarcal, es hoy por hoy un análisis tendencioso.

He querido partir de esta aproximación sobre el canon para subrayar cómo incluso en los estudios interdisciplinares que involucran al derecho y la literatura, la crítica feminista ha tenido un complejo lugar de teorización. Sin embargo, las lecturas feministas canónicas y contra-canónicas han otorgado innovadoras interpretaciones que han ayudado a repensar no solo el emplazamiento que textos y autorías tienen en el sistema literario sino también los paradigmas sociales que construyen el sistema legal y el ordenamiento jurídico. Carolyn Heilbrun y Judith Resnik apuntan, en este mismo sentido, que es funda-

9. La autora, cabe aclarar, cuando habla de "literatura" no lo hace como sinónimo de texto literario sino como conjunto de obras de una materia.

mental mirar con la lente feminista la relaciones entre ambos campos del saber: "Ver en conjunto al 'derecho' y a la 'literatura' posibilita ver como cada disciplina incorpora algunas presunciones (dado que los hombres hablan, juzgan, describen y se adscriben) para así cuestionar aquella visión compartida del orden social" (1996, p. 92). Es ese cuestionamiento el que va a nutrir las páginas venideras.

Para ejemplificar esta potencialidad del feminismo en el examen del canon, analizaré el caso de Dolores Veintimilla, el cual permite comprender cómo los sistemas normativos patriarcales cifraron la autoría y los textos femeninos. Su caso, un ejemplo de cómo literatura y derecho son disciplinas diferentes en sus alcances y métodos, pero también similares en sus formas de ordenación y prácticas, permitirá además rescatar el proyecto ético y político de esta autora, poco apreciada por la crítica.

2. DOLORES VEINTIMILLA. UN NOMBRE ENTRE LA LITERATURA Y EL DERECHO

El caso de Dolores Veintimilla (de Galindo)[10] requiere particular atención para los estudios de derecho y literatura por las particulares circunstancias que rodearon su existencia literaria, la cual, irónicamente, empezó justo después de su muerte. Cabe señalar que ella fue considerada una de las poetas ecuatorianas más destacadas en el siglo XIX e incluida en algunas de las antologías más importantes del siglo XX. Incluso hoy en día sigue siendo una de las figuras indiscutibles del canon literario andino de mujeres. Sin embargo, tal como menciona la estudiosa que ha realizado el trabajo filológico más certero sobre la autora, María Barrera Agarwal hasta cuatro días antes de su suicidio:

> [...] jamás texto alguno de autoría de Dolores Veintimilla ha aparecido bajo su nombre. Ni uno solo de sus versos ha aparecido impreso. Sus poemas han

10. Nombrada así por ser la esposa de Sixto Galindo. En el presente artículo me referiré a ella como Dolores Veintimilla solamente.

> circulado tan solo copiados a mano, dentro de un círculo restringido, aquel de sus familiares, sus amigos y, en ocasiones, de las personas a ellos relacionados. La hoja volante que ha circulado en Cuenca, fechada a 27 de abril de 1857, bajo el título de Necrología, no contiene su nombre o iniciales (Barrera Agarwal, 2015, pp. 25-26).

La hoja volante referida, "Necrología", se publica junto con dos poemas y la carta de despedida a su madre, en un periódico, *La Democracia,* que hace que la escritora se vuelva conocida dentro y fuera del Ecuador. Sin embargo, dicha hoja volante es en gran medida el detonante de su muerte, ocurrida por suicidio, abriendo así una trama que se parece más a una novela policial que a una biografía autoral.

Más aún, debido a su muerte por mano propia, la justicia ecuatoriana rápidamente inicia dos procesos: uno penal, por delito contra la propia vida; y otro eclesiástico, que se abre para poder sepultarla en tierra sacra, por lo que se busca probar que cuando ingirió el cianuro, ella no estaba en control de sus facultades mentales. Estos procesos tendrán importancia vital en la literatura de la autora.

La segunda persona en publicar una antología con sus trabajos (el primero fue el peruano Ricardo Palma, quien recibió algunos de sus textos de forma anónima en una visita a Guayaquil), es el abogado del segundo juicio, el canónico, José Rafael Arízaga. Para hacer esta antología, titulada *La Guirnalda literaria* (1870), él se valió de algunos documentos originales: la nota de suicidio a su madre, las dos versiones del poema (titulado "La noche y mi dolor"), páginas del diario de Dolores y la hoja volante "Necrología". Todos estos documentos eran parte del proceso judicial que el abogado y antologador mantuvo en su poder. Es decir, el expediente fue el lugar *más fiable* donde reposaban los escritos literarios. Por tanto, el derecho se convierte, literalmente, en una fuente literaria en el caso de la escritora.

Con esas publicaciones empezará una carrera en la que varios hombres de letras, deseosos por descubrir y comentar sus desconocidos y poderosos relatos, delinearon una autora. Intelectuales liberales y conservadores de diferentes épocas, reivindicaron ideas que les eran convenientes, pero olvidando ciertos valores en la vida literaria de la autora, los cuales pudieron haber sido importantes para la historia de las mujeres.

Así, la de Dolores Veintimilla es la historia de una escritora que, tal como menciona la teórica feminista Meri Torras no tuvo "derecho a la literatura" (2016, p. 137); es decir, no tuvo potestad de ser autora, al menos por su propio deseo. Así, "[c]ontemplar la vida y obra de Dolores Veintimilla en toda su singular importancia, implica también considerar el modo en el que se adulteraron los hechos de su vida, y se intentó disminuir su importancia como autora" (Barrera Agarwal, 2015, p. 100).

De allí que sea imperiosa una reflexión profunda sobre la escritora. Para desentrañar cómo se construyó el canon a partir de relaciones de género y qué implicancia tuvo para el resto de mujeres. Pero también para edificar otro tipo de autoría desde una lectura feminista, que subraye su particular rol en un momento crítico: el de la configuración de las naciones latinoamericanas.

3. RELEER EL CUERPO Y EL TEXTO DE DOLORES VEINTIMILLA DESDE LA RELACIÓN DE GÉNERO

El sueño de Bolívar de tener una América sin fronteras, me aventuro a decir, se volvió pesadilla en 1830, cuando la Gran Colombia, país recientemente formado después de las guerras de independencia contra España, se desintegró para convertirse en los tres Estados soberanos de Venezuela, Ecuador y Colombia.[11] Los padres de las nuevas repúblicas, deseosos de establecer un contrato social eficaz, debieron organizar sus respectivos terruños con cierta premura bajo reglas que permitieran, entre otras cosas, plantear mecanismos unificadores y simbólicos en una zona altamente diversa. Fueron los años posteriores a 1830 época

11. Colombia fue llamada originalmente República de Nueva Granada que incluye, a su vez, a la posteriormente fundada Panamá.

de reasignación de roles, de reciclaje de culturas y de surgimiento de proyectos idealistas en donde la literatura fue fundamental para la construcción de un imaginario común.[12]

Lorena Fries y Verónica Matus en un interesante estudio detectan cómo a causa de la revolución francesa y las guerras napoleónicas y contra-napoleónicas, los principales códices —el Código Civil Napoleónico, el Código Civil Universal Austríaco (de 1804 y 1811, respectivamente), el Código Penal de José II de 1787 y el Código Penal de Napoleón de 1810— presentaban cláusulas que beneficiaban a ciertos grupos que habían sido excluidos del debate político en función de la religión o la clase social. Sin embargo, "el sujeto mujer no se consideró parte de los sujetos discriminados respecto de los cuales se buscaba la igualdad. Así la diferencia hombre/mujer se instala [...] en la limitación de la capacidad jurídica de la mujer" (Fries y Matus, 1999, p. 40). Similar codificación patriarcal se articula en los nuevos Estados nacionales, a pesar de la promesa de expandir los derechos que trajeron las independencias.

Dolores Veintimilla nació un año antes de la ruptura del sueño bolivariano, en Quito, el centro de la antigua Real Audiencia, en medio de esta *vorágine* independentista que buscaba dotar a lxs neonatxs ecuatorianxs de una resplandeciente identidad nacional, manteniendo las normativas patriarcales como esenciales para el ordenamiento del Estado. La literatura y la imagen como autora de Veintimilla, tal como sucedió con otras mujeres, según nos lo explica Susana Montero, sirvió de lienzo decimonónico para la construcción de una comunidad nacional profundamente conservadora en la que la mujer permitía juntar desde la literatura el "concepto afectivo de patria/nación" (2002, pp. 67-68),

12. Siguiendo a Anderson respecto a que las comunidades sobreviven gracias a la imaginación de la nacionalidad, sin que esto signifique una fabricación absoluta. Así mismo considero que la calidad de nación al igual que el nacionalismo, "son artefactos culturales de una clase particular" (Anderson, 1993, p. 17)

cuestión básica para la constitución de un Estado independiente de España, del lado de los nuevos padres de la patria. De allí que un canon literario que *contenga* a las escritoras mujeres haya sido necesario.

Hay que empezar diciendo que ella fue una figura clave del Romanticismo (Smith, 1997, p. 279) debido a su poesía sensible y por el sentido trágico que le dio a su existencia. Mujer acomodada, perteneciente a la clase alta quiteña, desde joven tuvo dotes para la escritura poética. A los 18 años se casó y tuvo un hijo con el médico colombiano Sixto Galindo. Los tres se trasladaron a Cuenca, una ciudad al sur del Ecuador. Poco después su marido fue a trabajar a Colombia. En este momento de su biografía, la historia literaria empieza a centrar sus análisis atendiendo a condiciones de género de la escritora. Historiadores contemporáneos a ella como Benigno Malo señalaron en su crítica literaria su condición de "buena esposa" (en Pérez Pimentel, 1987, p. 684). Otros críticos han capitalizado este evento de separación para señalar cuestiones narrativas que vinculaban vida y poesía: "la triste peripecia sentimental de Dolores va cavando una huella muy nítida a lo largo de su poesía" (Pérez, 2011, p. 123).

Por esta época, además, empieza a señalarse su rol de *salonniere*, mujer que articulaba espacios de pensamiento e intercambio literario, aunque con ciertos matices: "Dolores inició en Cuenca una vida activa e intelectual codeándose con jóvenes honestos y de personas de edad, todos ellos literatos y poetas, a quienes recibía en su departamento y con quienes charlaba y leía en inocentes tenidas" (Pérez Pimentel, 1987, p. 356). De esta forma se mantiene el imperativo de fidelidad y castidad de la época en el accionar de Veintimilla, como puede verse con el uso de fórmulas eufemísticas tales como "jóvenes honestos" e "inocentes tendidas".

No obstante, en esta interpretación (masculina) de la biografía de Dolores aparece el evento realmente importante: el suicidio, que hizo que su figura se volviera popular y completara el espíritu romántico de la época. Dicho suicidio que le ocurre a una mujer *activa* articula idearios de belleza de un cuerpo femenino que pasa de estar inquieto a quedarse inmóvil (Clúa Ginés, 2010).

Para consagrar el ideal romántico del suicidio, por ejemplo, el escritor Remigio Crespo Toral bautizó a Veintimilla como "la Safo ecuatoriana" (Diez Echarri, 1982, p. 883), siguiendo un intertexto de tragedia y belleza femenina, plantilla que otorgaba trascendencia a las escritoras del siglo XIX. No obstante, también se usa el nombre de la poeta de Lesbos porque es en el género lírico donde se buscaba mantener la escritura de la ecuatoriana. Otros autores de la crítica literaria, como Pérez Pimentel, llegan incluso a sugerir que la muerte por mano propia de la ecuatoriana fue por la *solidaridad femenina* ante otro suicidio, el de "la poetiza [sic.] chilena Carolina Lazardi" (1987, p. 358), articulando un inquietante perímetro sobre la autoría de las mujeres.

Como puede verse, se ha rescatado de modo constante (y en distintos tiempos) la figura de esta mujer como poeta romántica, esposa, mártir, facilitadora del encuentro entre hombres artistas y buena amiga, absurda y exageradamente buena amiga. Esto permite corroborar lo que Alfonso Reyes ha aseverado respecto al romanticismo americano, tanto desde la creación como desde la crítica: que a pesar de un lado emancipatorio de esta corriente literaria había también un deseo de "mayor sometimiento a la familia" (1989, p. 343). En específico, y en el caso de la mujer romántica americana, que empieza a esbozar desde la escritura el lado femenino de la patria (es decir la nación) "[si] los padres fijaban el parámetro, las madres tenían que corresponderles" (Sommer, 2006, p. 11).

Dentro de este uso de la figura de Dolores, no obstante, hay un autor que me interesa especialmente y que me permite hablar del canon de la literatura de mujeres y de las mujeres. Me refiero a Juan León Mera, otra figura fundamental del periodo que va del romanticismo al neoclasicismo (Smith, 1997, p. 279). Juan León Mera y Dolores Veintimilla (en ese orden) establecen una relación de género, concepto que puede ser descrito como:

> [...] una categoría destinada a capturar un complejo conjunto de elementos de relaciones sociales. [...] A través de las relaciones de género dos tipos de personas son creadas: hombres y mujeres. Las categorías hombre y mujer son presentadas como excluyentes (Flax, 1993, p. 74).

Este binarismo rígido planteado por las relaciones entre hombres y mujeres, Cixous explicó, está bastante arraigado en el Estado patriarcal siendo siempre aquello que corresponde a lo femenino visto como el negativo, respecto al masculino, y por ende accesorio a él (1986, p. 66). Dentro de la literatura ecuatoriana también este binomio de relación de género Mera/Veintimilla es aplicable en la construcción estatal pues ambas autorías son los polos que protagonizan la historia de la fundación nacional desde la literatura.

Dolores Veintimilla, como dije, es conocida principalmente por dos cuestiones: su corta obra poética y su "trágica vida". Juan León Mera, en cambio, es conocido, entre otras cosas, por ser el escritor de la que por algún tiempo se consideró la primera novela ecuatoriana: *Cumandá o un drama entre salvajes*, texto de extremada similitud a la propuesta del *bon sauvage* de Chateaubriand,[13] pero que a diferencia del texto del francés buscaba construir la nación a base de la "creación y ampliación de espacios regionales" (Balseca, 2001, p. 144). Mera tiene otra obra bastante popular que es la que merece especial atención en este libro, su *Ojeada Histórico-Crítico sobre la poesía ecuatoriana*, publicada en 1868. Este texto, fundacional dentro de la crítica literaria ecuatoriana, es el espacio canónico que posibilita el encuentro textual de ambas figuras pues en él Mera hace una reseña sobre Dolores Veintimilla.[14]

En dicha obra, la conclusión del capítulo concerniente a la autora pareciese una defensa por la inclusión de género o, por lo menos, una *plegaria* desde la literatura para la construcción de un Estado diferente: "Acábese, por Dios, nuestra criminal indiferencia respecto a las muje-

13. Según Barreiro: "cuando surgen en las áreas de marcada presencia indígena, las reminiscencias literarias europeas son tan evidentes, que resulta casi caricaturesca la idealización como producto de una moda literaria importada. Tal es el caso de *Cumandá*, del ecuatoriano Juan León Mera, en quien la influencia de Chateaubriand es enorme" (Barreiro, 1990, p. 42).
14. El título es "Doña Dolores Veintemilla de Galindo. La educación de la mujer entre nosotros".

res; alentémoslas, saquémoslas á [sic.] la luz para que fueron creadas, sentémoslas á [sic.] nuestro propio lado y busquemos en ellas la mejora de nuestra propia condición" (Mera, 1970, p. 23). Sin embargo, las líneas previas del mismo texto nos hablan con mayor precisión de la mujer que el Estado ecuatoriano quería concebir. "Por eso hemos dicho mil veces y lo repetimos otras mil, que más bien quisiéramos ver una víbora en el seno de una joven que no en sus manos un libro corruptor" (1970, p. 13). La preocupación, seguramente, no era por el libro como tal sino por el contenido de aquella afirmación vox pópuli, atribuida a Confucio, en la que la mujer era —a la vez—– lo más corruptor y lo más corruptible en el mundo. Mera, así, buscaba proponer la educación de las mujeres con una metodología *preventiva*, marcando así una diferencia protectora/ restrictiva respecto a la educación que recibían los hombres:

> No negamos la necesidad de que las mujeres aprendan cosas propias de su sexo y buenas para su condición; sin ellas su educación sería viciosa por otro respecto. No hay pues que pensar en darlas una enseñanza del todo varonil. Se asegura que George Sand decía en cierta ocasión que era más difícil hacer una torta que escribir una novela. Esta paradoja sirve a lo menos para darnos á [sic.] conocer que la célebre novelista no se desdeñaba a bajar á [sic.] la cocina. Cuéntase también que Isabel la Católica, la protectora de Colón y coadyuvadora en el descubrimiento de un mundo, manejaba la rueca, humilde instrumento de las humildes mujeres. ¡Loor á la escritora que hace tortas y á la reina hilandera! (Mera, 1970, p. 17).

Varias cosas llaman la atención del fragmento citado. Sin embargo, hay tres asuntos críticos que son los principales para el análisis de la relación entre literatura, género y nación. En primer lugar, este fragmento saca a la luz la desorientación nominal del texto respecto a su contenido. Una *ojeada* es una revisión pronta y si es *histórico-crítica* (literaria o artística, desde luego) se trata, en palabras de Adorno, de la solución objetiva al enigma que plantea la obra de arte en su propio tiempo (1983, p. 171). El texto del autor ecuatoriano, en cambio, se detiene en cuestiones de la educación de las mujeres, en vez de hacer referencia a una escritora del período romántico y su corpus poético.[15] Pareciese que esta obra más que crítica literaria fuese un documento normativo de la nación que intentaba delinear el perfil de la mujer ecuatoriana. Esto ratifica la idea, comentada líneas atrás, que el canon literario tiene un marcado objetivo pedagógico.

En segundo lugar, la escritora romántica no aparece en el fragmento. Veintimilla es utilizada en tanto que pretexto, pues es una autora que se nombra pero que permanece a la sombra, como si se buscase disminuir su presencia en el imaginario nacional a partir de su sustitución por otras mujeres históricas que aparecen de modo más efectivo en el texto. Es este, entonces, un ejemplo perfecto de *disimulación,* siguiendo el planteamiento de Baudrillard (1978, p. 7) pues para la historia de la literatura del país andino se intenta esconder *algo* que se tiene; en este caso, un tipo particular de literatura de mujeres que se evapora en el texto del crítico. Mera no desaparece a la autora de los anales literarios ecuatorianos sino que la disimula y deja de lado otros textos escritos por la "poeta". Esta omisión metafórica plantea una compleja canonización que intenta restar agentividad autoral a Veintimilla.

La tercera cuestión importante radica en el uso del *nosotros* como voz narrativa. Este modo de enunciación, una fórmula recurrente en la escritura ensayística, sin embargo, bajo una lectura teórica feminista que celebra enunciar un yo situado, puede ponerse en duda. En este sentido, vale la pena preguntar ¿quién está incluido en ese *nosotros*? A priori, y siguiendo los estudios feministas, se puede pensar que la respuesta es *los hombres.* Sin embargo, se sabe gracias al estudio de las masculinidades, que la categoría *hombre* no es una "identidad moral" (Newton, 2002, p. 179), es decir una cualidad universal que se opone a la categoría *mujer*, sino que es una construcción diversa y depende, por ejemplo, de la etnia, la clase o la orientación sexual. El pronombre

15. En el capítulo mencionado se exploran los textos de Dolores Veintimilla de manera mínima y se hace un corto análisis de la poeta Dolores Sucre.

personal *nosotros*, no correspondía a los *hombres* en general sino a los padres de la patria; aquellos hombres, blanco-mestizos, heterosexuales, con poder económico y político, que ostentaban el poder y que moldearon la patria para convertirla en un Estado-nación.

Juan León Mera como autor de las estrofas del Himno Nacional ecuatoriano, fundador de la Academia Literaria de la Lengua en Ecuador, miembro del Partido Conservador y funcionario de varios cargos públicos fue uno de los padres de la patria, designado para crear una verdad oficial que permitiese la construcción de la nacionalidad. Si como dice Julio Cortázar, en algunos de sus cuentos la voz narrativa en tercera persona "actuaba como primera persona disfrazada" (2004, p. 64), en el caso del texto de Mera, en cambio es posible afirmar que la primera persona del singular y la primera persona del plural se confunden y conforman una cofradía.

La dimensión del disfraz en el caso de Veintimilla es entonces triple: el texto, se camufla como crítica histórico-literaria cuando en verdad es un documento moral/normativo; la mujer ecuatoriana se disfraza por debajo de la figura de Veintimilla, descafeinada por la crítica que sirve como ejemplo en negativo para otras mujeres que deben hornear tartas o manejar la rueca y no causar problemas con su escritura y su lectura; y, finalmente, el *nosotros* se camufla en la narración de Mera, recurso metonímico que, en palabras de Ricoeur, realiza "cambios de nombre o nombres por otros" (2001, p. 149) como estrategia textual para construir la relación de género hombre/mujer y Mera/Veintimilla, en el Estado ecuatoriano.

Me gustaría mencionar que Mera también comparó a Veintimilla con Safo diciendo que: "la amante del infiel Faón sabía el arte de hacer resaltar todo el fuego del alma en sus versos y nuestra poetisa apenas le hace traslucir en los suyos" (Mera, 1970, p. 12). A ésta, básicamente su única crítica literaria en el capítulo dedicado a la autora, añadía una observación vital: que Dolores Veintimilla (siempre *de Galindo*) estaba "perturbada en las facultades mentales" (1970, p. 13) sin referirse mucho más a su literatura. Esta apelación al discurso científico en torno a la medicalización de la mujer fue recurrente en el siglo XIX; su intención era influir directamente en sus derechos a través de limitar la escritura y la lectura femeninas (Oudshoom, 1994, p. 7). En este caso bajo la medicina se ampararon los sucesos de la muerte de la autora por mano propia, la orfandad en la que dejaba a su hijo y su estatus de *mujer abandonada*, aspectos de su vida familiar que marcaban una transgresión al rol literario que las mujeres debían ocupar. Así, en el XIX alimentada por la retórica de la locura (en especial desde las histéricas retratadas y estudiadas por Charcot en Francia) el discurso científico creó un sujeto mujer cuyo deseo de intervención en su propio destino fue catalogado y patologizado, pues era capaz de enfermar a las nuevas naciones latinoamericanas. En el caso de Dolores Veintimilla su *falta de razón,* devenida de su calidad *femenina,* fue la razón establecida para que se quite la vida y para que deje a su hijo solo. Todo este argumentario le quitaba la potestad de escribir y narrar la nación. De allí que otros debiesen hacer de su figura una suerte de monigote, el cual fue dibujado con las pulsiones masculinas, en el momento de la deliberación del código de la patria.

De este modo, la autora no es una exiliada del canon literario ecuatoriano. sin embargo su significante, *Dolores Veintimilla de Galindo,* se llenó de convenientes significados. Bajo este cariz, la estampa autorial de Veintimilla se volvió una oportunidad para el proyecto político ecuatoriano para metaforizar la educación que se quería impartir a las mujeres. Con su cuerpo inmóvil, en una época donde las mujeres empezaban a cuestionar con más claridad los hilos que manejaban sus destinos, una serie de hombres esculpieron su figura como una poeta romántica, hermosa pero enloquecida por sus textos, restándole importancia al contenido de sus trabajos. Interesa desde una lectura feminista que busque insertarla en el canon de modo crítico, entender ciertas maneras de repensar a la autora en el espectro literario.

3. RELEER CONTRA-CANÓNICAMENTE A DOLORES VEINTIMILLA

Sin desconocer este análisis del canon que acabo de esbozar (sistema normativo funcional y utilitario cultural sobre el cuerpo de la mujer en la construcción de la *patria*) también es cierto que, como toda matriz, este tiene fisuras que permiten repensar el valor de los textos. De hecho, el canon literario a diferencia del canon bíblico no es cerrado, sino que permite la entrada de otros textos y otras lecturas que posibilitan reconfigurar la sociedad y sus pilares culturales. Las lecturas feministas del canon llaman a entender cómo esa escritura-otra por parte de las mujeres ha planteado cortocircuitos al sistema literario. Cuestiones como la asignación de roles, lo considerado como "buena literatura" y "buen gusto", el derecho a la autoría y las enseñanzas que se desprenden de los textos son algunos de los alcances de esta interpretación de género; la cual hoy podemos analizar con más holgura por la legitimidad de las luchas feministas, sexodiversas y sexodisidentes en la sociedad.

Es importante recordar que la escritura de Veintimilla estuvo olvidada y dispersa hasta que en 1908 su obra fue publicada a manos de otro paterfamilias ecuatoriano, el diputado e intelectual liberal Celiano Monge.[16] Sólo con la crítica del siglo XX, incluida la legitimadora de Menéndez Pelayo, su figura fue rescatada lentamente para posicionarse dentro del canon literario ecuatoriano. ¿Cuál fue la *transgresión* cometida por Dolores Veintimilla, que le costó ser tan redibujada en la construcción literaria de la nación ecuatoriana y luego quedarse en un extraño limbo literario? ¿Por qué solamente se reconoce su fase como poeta si tuvo otro tipo de escrituras? ¿Hay algo que el feminismo pueda rescatar de su figura para una lectura más contemporánea?

Para responder a esas dudas, vuelvo al suceso central que marca la vida y (extraña) canonización de Veintimilla: su suicidio, el cual permite, además, pensar la vinculación entre el derecho y la literatura en su vida, explicada en líneas anteriores. La muerte a mano propia por parte de la escritora, según varias versiones (Robles, 2005; Tinajero, 1982), se

16. Aunque algunos de sus poemas y ensayos fueron publicados en 1886 en *La Lira Ecuatoriana*; otros en 1874 en *La Nueva Lira Ecuatoriana* y en 1880 en *La palabra*.

dio por desavenencias con la iglesia católica a la corta edad de 27 años. Precisamente fue la publicación de la hoja volante, referida párrafos atrás, "Necrología", la que provocó la ira del sacerdote Vicente Solano que llevaría al suicidio de la autora.

El texto "Necrología" (también llamado "Cipreses") fue escrito por Dolores Veintimilla poco antes de su muerte y lo que plantea es la equivocación del poder judicial que sentenció con pena de muerte a un indígena, Tiburcio Lucero, el cual cometió el delito de parricidio que conmocionó a la sociedad de la época. El fusilamiento público de Lucero en la ciudad de Cuenca fue presenciado por Dolores Veintimilla, quien "desde un lugar preferente" (Pérez Pimentel, 1987, p. 356) vio con desdén este acto. La "Necrología", atacaba a la sociedad cuencana y a la autoridad judicial, por tomarse de un modo tan brutal la vida del indígena.

Dolores Veintimilla, mujer mestiza y letrada, usa la escritura para oponerse a esta decisión legal. La autora empieza su texto comentando:

> No es sobre la tumba de un grande, no sobre la de un poderoso, no sobre la de un aristócrata, que derramo mis lágrimas. ¡No! Las vierto sobre la de un hombre, sobre la de un esposo, sobre la de un padre de cinco hijos, que no tenía para éstos patrimonio que el trabajo de sus brazos (Veintimilla de Galindo, 1908, p. 30).

En esta estrategia retórica es posible ver una búsqueda de humanización del sujeto indígena que, debido al sistema racista y colonial, no era, en rigor, sujeto legal ni literario. La voz de Tiburcio Lucero, el indígena sentenciado a muerte, no puede ser escuchada, aunque se ponga *junto al oído* del juez, pues existe una distancia casi insalvable y profundamente contradictoria entre la oralidad y la escritura en los Andes. En este sentido, tal como mencionaba en la introducción, a través de la captura de Atahualpa la subjetividad nativa queda atrapada en el libro, conquistada por el sistema escritural occidental que en la Colonia o la República, deja a la persona indígena con una representación indigna en la vida nacional.

Por esta histórica realidad que opone al sujeto nativo al letrado tanto en lo literario como en lo jurídico, se requería de una *voz solidaria* en la defensa de Lucero, que aunque sin gozar del todo del derecho a autoría, pudiera escribir y defender al sujeto indígena, con muchos menos derechos que ella. Por eso, la autora humaniza a la *persona* Lucero en sus funciones de padre, de trabajador, de esposo para que sus lectores (y ella misma) puedan asimilar a esa otredad en roles reconocibles y, al mismo tiempo, busca resaltar una historia de silencios y discriminaciones cuando la autora lo ubica como parte de "una clase perseguida" (Veintimilla de Galindo, 1908, p. 30). En este texto se percibe la crítica que se realizaba a la sociedad de castas ecuatoriana y al racismo existente, incluso a día de hoy, hacia lxs indígenas. Bajo la perspectiva del proyecto estatal mestizo, lxs indígenas y otrxs subalternxs, se constituían en subjetividades incompletxs que debían nacionalizarse bajo la evangelización. La autora, distando de esta percepción, lxs plantea como "clase perseguida" comparando al parricida Lucero con Sócrates, equiparándolo así al canon del conocimiento occidental, y proponiendo un proyecto más universal, cercano a los ideales de derechos de la revolución francesa y estadounidense que circulaban como modelo a seguir.

Su defensa del derecho a la vida en un criminal, la acerca al discurso contemporáneo de los derechos humanos que sostienen que cada ser humano tiene ciertos derechos básicos independientemente de sus acciones. Ella, como mujer acomodada, utiliza su escritura desde una lógica del desplazamiento empático, buscando intercambiar su lugar con el de la alteridad intentando, como menciona Sontag, encontrar en el dolor de los demás una posibilidad ética de cambio social (2000, p. 35).

El Estado ecuatoriano, a diferencia del modelo de Sarmiento en Argentina que anteponía la civilización por sobre la barbarie, aceptaba la herencia indígena como parte importante del desarrollo estatal, pero siempre supeditada a la moral y estética occidental. En la literatura de la época podemos constatar esta cuestión, y el mencionado Juan León Mera es quizá el mejor ejemplo con su novela *Cumandá*, pues en ella se divide a lxs indígenas que:

> [...] se caracterizan de manera opuesta: los jíbaros aparecen indómitos y feroces, en estado de barbarie; los záparos, que viven en contacto con la misión

> del padre Domingo, son naturalmente hospitalarios y sensibles. Es decir, la caracterización del indio depende de su nivel de evangelización, con la consecuente posibilidad de redención espiritual (Serra, 2004, p. 2).

Dolores Veintimilla fue, entonces, un quiebre en la unión de la nación-individuo, una crítica al *status quo* normativo-religioso sobre las personas que operaba desde la literatura; mientras que Mera fue uno de los creadores del canon castizo estatal. Ambxs siguen subalternizando a las subjetividades indígenas, que no pueden hablar por sus propias voces en el espacio letrado. Sin embargo, la escritora, en su "Necrología" muestra , al menos, más apertura para incluir a la alteridad. Así, por ejemplo, a más de la defensa explícita hacia lxs indígenas, se refiere a Dios como "Creador", "Todo Poderoso" y "Gran Todo", y si bien las dos primeras denominaciones aluden a la ideología judeo-cristiana, la última mantiene una ambigüedad que, aunque podría ser vista como un sinónimo de las dos primeras, bien podría ser relacionada con la totalidad de la naturaleza, con la Pachamama, figura terrenal divina de la filosofía animista andina.

Fue este uso ambiguo del lenguaje, controversial y lúdico con las fronteras, el que marcó la identidad trágica de Veintimilla, pues fue atacada por etiquetar a la divinidad cristiana de manera tácita. Las nuevas naciones latinoamericanas se debatían entre la opresión colonial y la liberación criolla, que como previno Fanón, trabajaban silenciosamente en conjunto (2007, p. 137) creando una línea de continuidad/discontinuidad respecto a los discursos de la nación y de opresión de ciertas subjetividades. Probablemente, el breve discurso ensayístico de Veintimilla, en el tratamiento de la identidad indígena y de la pena de muerte, haya sido una discontinuidad mucho mayor respecto al poder colonial que los discursos fundacionales del Estado ecuatoriano. De allí que haya sido minimizado y censurado por la transgresión que planteaba.

Sin embargo, no debe pensarse que hay un uso altruista en este texto solamente. En la "Necrología" es posible apreciar cómo Veintimilla asume una escritura que, a la vez, relee su lugar en la sociedad al cuestionar la norma y la aplicación de esta. En el texto critica la "ley bárbara"; y completa la autora: "¡Ah! entonces la humanidad entera no puede menos que rebelarse contra esa ley, y mirar petrificada de dolor su ejecución" (1908, p. 30). Al criticar las leyes injustas y llamar a la desobediencia civil ante ellas, también aparece una ventana para pensar los derechos de las mujeres. Cabe citar a Cristina Burneo que respecto a la ley ecuatoriana menciona:

> Cuando un estereotipo negativo se usa para elaborar leyes, se hacen leyes discriminatorias, por tanto, regresivas. Cuando leyes discriminatorias y regresivas centran sus elaboraciones en una identidad esencializada como "mujer" [...] "mujer mentirosa", están fundamentando un poder normativo sobre un principio misógino (2022, p. 296).

En este sentido, la narración de Veintimilla comparte, "la experiencia de la explotación" (Guha, 1988, p. 37) buscando proponer un sujeto que pueda resistir a los discursos de poder generados por un sistema normativo discriminatorio que, como apunta Burneo, es misógino. Por ello sorprende que en su canonización como poeta se excluya esa escritura romántica de repensar la nación, de arropar una búsqueda revolucionaria, no sólo para construir la nación como relato femenino en la masculina patria, sino para proponer nuevos modelos de ciudadanía con una autoría que quiere insertarse en lo público.

Veintimilla no puede ser vista como *lectora* de manuales de comportamiento y *autora* de pasteles y de poemas íntimos (que de hecho jamás se publicaron pues tampoco tenía entero derecho a la autoría). El suyo es un proyecto que, desde la escritura, propone un modo de lectura distinto de los cuerpos y los textos. Ella estratégicamente combina la racionalidad masculina, al denunciar la "ley bárbara", con la emocionalidad que se le otorgaba a la mujer, a través de las lágrimas, sobre la tumba del nativo ajusticiado explicitando una experiencia subjetiva, que expresa un dolor y una amargura que solo ella siente ante la realidad de la época en la que vivió, y al hacer esta apología del yo, sin embargo, implica directamente al otrx en su discurso y en su identidad como autora, usando sí, la plantilla romántica de la hipérbole, como puede sustraerse del fragmento que abría este acápite.

La autora finaliza el escrito pidiendo: "borrar del código de la patria de tus antepasados la pena de muerte" (1908, p. 30). Por definición, la legislación penal es aquella que contiene las ofensas más graves que se comenten. Un delito no ofende solamente al afectado y sus familiares, afecta a la sociedad en su conjunto, al proyecto de vida que el Estado busca garantizar a sus ciudadanos. Hablar de un "código de patria" nuevo es interpelar a la vez tanto a la legislación penal como a quienes articulan simbólicamente las bases nacionales desde el canon cultural.

Una vez analizado el contenido material de este texto, y su implicación con un nuevo proyecto político de ciudadanía, es importante analizar el formato utilizado por la autora que es una carta para entender cómo fondo y forma no son separables. La carta, cuyo narratario es Lucero, tiene como destinatario final al "público". Dicha misiva una vez que sale de las manos de la autora pierde su propiedad y jurídicamente traspasa el dominio de todas las personas que la lean. La importancia de la carta en el mundo femenino ha sido estudiada profusamente como medio de escritura pública/privada y como: "sistema para transmitir noticias, vía rapidísima de contacto, red de interrelaciones, ámbito semiprivado en que dedicarse a escribir sin censura" (Torras, 2001, p. 62). Veintimilla sabía del uso de las cartas, pues en las quedadas intelectuales en su hogar se usaba el modelo francés de escritura de misivas y diarios en los que se escribían poemas románticos, pero también se articulaban espacios semi-públicos de difusión cultural. En tal virtud, la estrategia de Veintimilla de utilizar la carta pública para implementar una autoría estratégica que juega con las delimitaciones del poder, resulta una maravillosa inversión de los lugares que la mujer podía ocupar. Ella utiliza la *inofensiva* carta, perteneciente al género paraliterario, para que el ámbito privado y los sentimientos femeninos, articulen un proyecto nacional diferente; para criticar a los aparatajes legislativo y judicial.

En esta treta del débil "gesto ficticio de dar la palabra al definido por alguna carencia (sin tierra, sin escritura), de sacar a luz su lenguaje particular" (Ludmer, 1984, p. 75), la subjetividad de la mujer y la del indígena se reivindican en el texto de modo particular. Veintimilla en su texto comenta: "¡Imposible no derramar lágrimas tan amargas como las que en ese momento salieron de los ojos del infortunado Lucero! Sí, las derramaste, mártir de la opinión de los hombres; pero ellas fueron la última prueba que diste de la debilidad humana" (1908, p. 30). Como si la autora, con sus románticas lágrimas, supiera que para hacer comunidad, debe apoyarse de otrxs vulnerables en la nación. Así, dentro de la inherente vulnerabilidad humana, la cual requiere pensar en la obligatoriedad de la coexistencia como principio ético (Butler, 2006, p. 58), hay una coalición como estrategia política de posicionamiento que interpela a los mandatarios del poder patriarcal y articula la posibilidad de una nueva comunidad, de una nueva nación y de una nueva ciudadanía, que aunque no puede superar la heterogénea contradicción andina, intenta al menos escribir desde el cuerpo algunos mecanismos de negociación con la alteridad.

Leer contra-canónicamente a Dolores Veintimilla como ensayista en una época donde la mujer no gozaba del todo del privilegio a la autoría permite revalorarla como escritora, no solo de doloridos poemas trágicos, sino como una intelectual de profundo calado para la configuración de la nación.

4. CIFRAR LA VIOLENCIA DEL SISTEMA CULTURAL Y LITERARIO: UNA CUESTIÓN FEMINISTA

François Ost señala cómo existe una relación especular entre derecho y literatura en la que ambas disciplinas, aunque iguales en tener como átomo a la palabra, tienen usos diferentes que pueden ser mutuamente productivos. En su interacción con la ley, la literatura "en vez de mostrarnos los contornos de una institución nos informa sobre todas las posibles deformaciones que esta puede llegar a sufrir" (2015, p. 162). Esto permite comprender cómo la literatura puede ayudar a reformar instituciones y prácticas que no están buscando el fin último del derecho: la justicia.

A partir del cambio de paradigma de los derechos humanos ha sido posible entender cómo los derechos de las mujeres son derechos humanos y, en consecuencia, deben recibir una especial atención, atendiendo a las discriminaciones históricas que han sufrido las mujeres. Dentro de estos tratos desiguales que menoscaban derechos, la violencia ha tenido un lugar central para comprender cómo este modo de socialización discriminatorio basado en una ideología, el patriarcado, debe combatirse (Lagarde, 1996, p. 33).

Me gustaría terminar esta parte analizando cómo la violencia contra las mujeres también ha operado en el sistema literario y, para ello, quisiera analizar nuevamente la causa del suicidio de la autora. En el caso de Veintimilla, su "Necrología", texto transgresor al "código de patria", que ponía en duda tanto al texto penal (*propiedad* del aparataje legislativo) como al dictamen por parte de los jueces (*propiedad* del aparataje jurisdiccional) requirió una serie de acciones que volvieran al curso natural de la sociedad de la época.

Después de la carta de la autora, una serie de textos *anónimos* aparecieron. El primero la "Graciosa Necrología", firmada por "unos colegiales", fue seguido por otras cartas públicas, copiando el formato propuesto por la autora: "La defensa de Madama Zoila" y "Un curioso ratoncito", pusieron la inteligencia de la autora, su habilidad retórica y su reputación (bien jurídico fundamental para la mujer de la época) en entredicho. El autor de dichas misivas fue una autoridad eclesiástica antes mencionada: Fray Vicente Solano, que engrosó un coro de autores canónicos como Fernández de Santa Cruz o Thomas Bailey Aldrich, quienes también, escondiendo su autoría en el anonimato o en figuras autoriales *inofensivas,* deslegitimaron las obras de Juana Inés de Asbaje (Sor Juana Inés de la Cruz) y Emily Dickinson, respectivamente. Escrituras de violencia que *matan la autoría* para perder responsabilidad sobre sus acciones.

Veintimilla se defendió desde la escritura, con una última respuesta en la que retaba a sus calumniadores "a que se presenten ante el público y entonces mirándonos de frente ante él, me citen un solo hecho por el que se me pueda echar a la cara la mancha indeleble y asquerosa de la degradación" (1908, p. 21). Y luego recurrió a la poesía. Probablemente la frase inicial de su sugerente poema "A mis enemigos", en el que vuelve a utilizar un acuoso fluido corporal, sea decidora: "Qué os hice yo, mujer desventurada / Que en mi rostro, traidores, escupís" (1908, p. 7). Ya no es la lágrima que se comparte en el duelo sino la saliva que denigra la que sirve como símbolo del acoso. En este poema se ve, así, la ruptura de la idea de comunidad en la que el sujeto queda a la intemperie.

Solamente hoy podemos entender las formas violentas en las que opera el acoso: a través del uso (y el abuso) del anonimato, tratando de bajar la moral de la persona, esgrimiendo amenazas e insultos con la intención de amedrentar y desacreditarla. Dolores se suicidó en 1857 y si hoy hubiese un juicio, probablemente las presiones y hostigamientos de este poderoso miembro de la iglesia lo tendrían como responsable de esa presión. Dicho *bullying* a quien buscaba incidir en la nación además encontró sola a Veintimilla, sin una red de apoyo que la hubiesen sostenido en ese momento.

Ante la precariedad de la vida y la imposibilidad de la autoría, como función y como derecho, la escritora encuentra la solución en la muerte, respuesta a la ordenación del cuerpo por parte de la autoridad. Sin querer plantear el suicidio como el inevitable camino al castigo por parte del orden patriarcal, me parece que esta muerte que se asume en soledad, pero que nuevamente se escribe a través de una carta de despedida a la madre, propone una autoría femenina (autoría del texto, del *crimen* sobre el propio cuerpo, del deseo de normar de modo distinto la comunidad) que debe ser revisada desde la historiografía literaria feminista. La muerte de la autora, parodiando la propuesta de Barthes, en este caso no propone revisar la función omnipresente del autor (1987). Por el contrario, propone que cuando cierto tipo de subjetividad deja de ser importante y no tiene la protección jurídica para ser autora ni para tener una vida libre de violencia dentro de una comunidad es más susceptible a denigrantes formas de abuso..

Nos previene Susan Gubar que en aquellas épocas donde las mujeres no pudieron escribir, utilizaron un medio fundamental, para escribir: el cuerpo (1999). Así, a diferencia del sacerdote Solano que mata su autoría y la camufla en otros nombres para eludir los efectos de la escritura, Veintimilla mata la suya, en el texto y en la carne, para responder desde una ética corporal al abandono comunitario.

Leer a Dolores Veintimilla hoy en día, desde una perspectiva crítica y comparatista, y desde una focalización feminista implica entender la violencia con la que operaban algunos padres de la patria, escultores del sistema normativo y literario. Pero también es una forma de honrar nombres como el suyo que reescribieron el código de la nación.

Es posible afirmar que la autoría muerta, resucitada y reciclada de Dolores Veintimilla debe, en la actualidad, incorporar su nombre de diferente manera en el canon nacional, regional y de las mujeres. Como una escultora de la palabra que, desde su complejo lugar de enunciación, vio en las letras la posibilidad y el deseo de escribir sobre la alteridad y sobre las obligaciones del Estado para ciertas subjetividades históricamente discriminadas.

CAPÍTULO II Interseccionalidad y precedente en la literatura. El caso de la reparación de la niña y adolescente lesbiana en Cristina Peri Rossi[17]

1. INTERSECCIONALIDAD, NIÑEZ Y PRECEDENTE: SALTOS ENTRE EL DERECHO Y LA LITERATURA

La interseccionalidad es uno de los principios fundamentales para comprender los derechos contemporáneamente, así como para dar cuenta de la amplia diversidad de cuerpos, identidades y desafíos que integran el significante *mujeres y en verdad a cualquier subjetividad.*. Me interesa indagar de este principio, clave para combatir la discriminación y la violencia contra corporalidades históricamente excluidas, pero también lo hago para subrayar una cuestión en particular. Esto es, entender que este concepto, nacido de la esfera jurídica y que es ahora parte fundamental de los discursos de género y del léxico de derechos, puede aplicarse también en el texto literario y ser de utilidad en la reflexión pública y política.

17. Parte de este capítulo fue una ponencia presentada en el homenaje a Cristina Peri Rossi, en Casa América Cataluña el 15 de noviembre de 2022, por su obtención del Premio Cervantes. Asimismo, he escrito un artículo centrado en el amor lésbico se ha presentado a evaluación en la revista *Pasavento* a publicarse en 2023, en el dossier de homenaje a Cristina Peri Rossi, que contiene partes de este escrito. Quiero agradecer a Meri Torras, Sandra Lorenzano y Néstor Sanguinetti por las conversaciones en torno a la autoría de Peri Rossi en esos interesantes días posteriores a la entrega del Premio Cervantes a la autora.

Para ello, me interesa pensar en este capítulo cómo el comparatismo jurídico-literario tiene la posibilidad de ocuparse, tal como señala James Boyd White, "simultáneamente de la razón y la emoción, la política y la estética" (2015, p. 47). Es decir, y en concreto, pensar no sólo en el principio de interseccionalidad en abstracto sino de modos encarnados en que razón y sentimiento se entrecruzan y permiten que derecho y literatura edifiquen una reflexión profunda. Para ello me centraré en un caso: el de la niñez lesbiana en dos textos literarios, para comprender las múltiples violaciones de derechos que afrontan mujeres que habitan distintas matrices de opresión. Asimismo, buscaré plantear cuáles son las formas de agencia y resistencia ante tales violaciones que se vislumbran en los textos literarios.

Finalmente, para analizar esta compleja representación de la niñez y adolescencia, que puede ser adultocéntrica, me centraré en la autobiografía, en tanto género literario que permite un análisis complejo de la existencia y que marca algo fundamental en el acto de hacer justicia y que ha sido discutido en el movimiento derecho/literatura: el precedente.

El corpus de análisis en el que me apoyaré es parte de la obra narrativa de la escritora uruguaya Cristina Peri Rossi; específicamente dos de sus obras[18]: *La insumisa* (2020) y "Tristán e Isolda" (2014b) que abren la puerta a analizar la infancia y adolescencia, articulando de modo ejemplar deseo, normativa, transgresión y reparación.

18. No obstante, dicha reflexión podría extenderse a textos como *La Rebelión de los Niños*, *El libro de mis primos* (por ejemplo en el texto "El velorio de la muñeca de mi prima Alicia"), *Los amores equivocados* (por ejemplo en "Ironside"), entre otros.

2. LA VOZ DE LA NIÑA LESBIANA. UN PROBLEMA DE LA LITERATURA Y DEL DERECHO

Niñxs, niñas, niños (en adelante *niñxs*)[19] nos *preocupan*. Aunque hoy se puede afirmar sin contradicción que para garantizar sus derechos se requiere, como mínimo, una vida libre de violencia, esta consideración no siempre estuvo presente, pues primaba más la idea de futura utilidad para la sociedad que la existencia digna de la infancia en el presente. Por ejemplo, tal como estudió Michel Foucault, el imperativo de la "correcta" sexualidad infantil y juvenil, con profundas bases ideológicas, ha devenido en una serie de clasificaciones sobre sus cuerpos, especialmente desde la psiquiatría (2007, pp. 290-292), lo cual ha sacrificado durante siglos esa paz existencial, en aras de cumplir ciertos mandatos subjetivos. Por esto que María José Punte, retomando la noción de tecnologías del yo del propio Foucault, ensamble un concepto, el de "tecnologías de la infancia" (2018, p. 12), entendido como formas discursivas de controlar, muchas veces desde la violencia y a través de la uniformización, a los cuerpos de niñxs en su camino a la adultez.

Desde los estudios críticos se ha demostrado que es fundamental desmontar algunas matrices que combatan diversas formas de violencia que están instaladas en las tecnologías de infancia. Una de estas matrices es el adultocentrismo que impide escuchar y entender la voz de niñxs y adolescentes y, en consecuencia, comprender éticas, proyectos, formas de vida o sexualidades complejas y diversas.

En este sentido, el derecho y la literatura, a pesar de ciertos avances que han declarado el interés superior y el estatus de protección espe-

19. Utilizo la fórmula "niñxs y adolescentes" como modo inclusivo de la lengua española, sabiendo que tampoco es una fórmula perfecta pues oculta las particularidades de todos los cuerpos; pero con el creciente binarismo que niega la existencia de lxs niñxs trans obliga a resaltar la necesidad de pensar la sexualidad infantil de modo más amplio.

cial de niñxs y adolescentes[20], siguen moldeándolxs en lo jurídico (por ejemplo, a través de leyes o tratados) y en lo cultural (a través de textos especializados; la literatura infantil, por poner un caso), prescindiendo muchas veces de su opinión. En ambas disciplinas el carácter adultocéntrico, que se cimienta en lo letrado, hace que niñxs y adolescentes no sean quienes escriben las leyes o los textos literarios y culturales, prácticamente redactados en su totalidad por subjetividades adultas. Este proceso de subalternización lxs deja en una suerte de limbo jurídico y social; de allí que autorxs como Tania Pleitez Vela alerten que a menudo las tecnologías de la infancia "representan la utopía del adulto. En síntesis, la noción de infancia en la mayoría de los discursos culturales se perfila como una invención o proyección adulta" (2020, p. 162). Esa utopía adulta define, en el ámbito del género y la sexualidad, cuestiones como la angelización, la inconsciencia o la irracionalidad que impiden abordar con densidad el amor o el erotismo.

Ante esto surgen tres preguntas. ¿Cómo acceder desde la literatura a esa voz de niñez y adolescencia minimizando la subalternización y la utopía adulta? ¿Cómo conciliar el complejo erotismo de estas etapas de la vida protegiendo la expresión libre y segura de esas subjetividades? ¿Cómo acercarse a la particularidad infantil de las mujeres?

La insumisa es "una novela autobiográfica" de Cristina Peri Rossi (Tanzi, 2020), una búsqueda de reconstrucción de la memoria respecto a su propia vida. Así, como "Tristán e Isolda", un relato corto que busca también recontar la propia existencia. Ambas obras son desde mi perspectiva un ejercicio que expresa la *preocupación* de la autora de que se

20. A través de documentos internacionales ratificados en el siglo XX, tales como la *Declaración de los derechos del Niño* (1959) y la *Convención sobre los derechos del Niño* (1989), los cuales han permitido comprender que niñxs y adolescentes son sujetos de derecho que merecen protección especial a través de formas amplias de ciudadanía y modos particulares de participación.

plantee literariamente la experiencia erótica de la niñez y de la adolescencia lesbiana sin imponer la utopía adulta.

Quiero abordar tres cuestiones que son las que evidencian la mencionada preocupación por cuestionar al adultocentrismo y las violentas tecnologías de infancia y adolescencia a través del texto literario: primero, la idea de precedente en el género autobiográfico (y autoficcional) que puede ser un antídoto contra la subalternización en la literatura; segundo, la interseccionalidad como modo de entender el complejo devenir identitario de la niña lesbiana; y tercero, la resemantización del amor desde una perspectiva contestataria para analizar las posibles reparaciones de la niña lesbiana.

3. LA PLANTILLA AUTOBIOGRÁFICA COMO PRECEDENTE INTERPRETATIVO DE LA HISTORIA: RELEYENDO A DWORKIN PARA EVITAR LA SUBALTERNIZACIÓN

Me interesa antes de analizar la importancia de la interseccionalidad, hablar del precedente como antídoto contra la subalternización de niñxs y adolescentes en la literatura. En este sentido, me parece que hay una cuestión vinculada al género autobiográfico y a la estructura e historia de *La insumisa* que posibilita entender por qué esa subjetividad infantil y juvenil tiene una especial resonancia y una articulación textual que es consciente de su adultocentrismo e intenta repelerlo.

Para explicar dicha particularidad parto de los estudios de derecho y literatura. Específicamente de lo planteado por Ronald Dworkin, que sugiere que el precedente jurisprudencial es equiparable a la novela encadenada, un tipo de creación escrita a varias manos que existe con aceptable popularidad en la literatura inglesa (por ejemplo, *The Floating Admiral* [1931]) y en la que una persona escribe un capítulo al que le sucede otro capítulo que es escrito por otra persona. Este ejercicio intenta, como objetivo final, escribir "la mejor novela que pueda construirse como la obra de un solo autor en lugar del producto de varias manos diferentes" (2012, p. 167). De esta forma, se debe mantener no solo la coherencia del relato sino también ciertos imperativos estéticos y éticos, de justicia,[21] que son los que dan unicidad a un texto que es, en su ejecución, diverso y heterogéneo. Esta comparación realizada por Dworkin sirve para pensar cómo las sentencias judiciales al marcar un *precedente,* el cual obliga a tener una orientación y unos límites, pueden variar parte de su interpretación respecto al pasado pero no pueden pretender que haya una interpretación que modifique del todo las interpretaciones pasadas.

En la tradición latinoamericana esta tipología de novela (la encadenada) no se ha popularizado y por tanto es difícil comprender la ejemplificación planteada por Dworkin; cosa que sí ocurre con la jurisprudencia y la idea de precedente, que aunque sin la generalidad que existe en el derecho anglosajón, está presente en varias de las más altas cortes de América Latina. Como alcance y traducción cultural a la idea literaria de Dworkin, plantea una relectura algo arriesgada que busca entender cómo hay ciertos textos literarios que, sin tener en su escritura "varias manos", pueden proponer precedentes que afectan tanto en fondo y forma al texto; y que, haciendo el camino de vuelta, es decir del derecho hacia la literatura, posibilitan explicar no la labor interpretativa de lxs jueces sino el trabajo de articulación literaria de quienes escriben literatura desde ciertas matrices éticas.

Los textos autobiográficos, siguiendo la idea de pacto autobiográfico y referencial de Phillip Lejeune (1991), plantean la existencia de un contrato en el que el yo autoral, narrador/x y personaje son una misma entidad, la cual tiene un compromiso de decir la verdad sobre la propia historia. Así, la autobiografía plantea ciertos límites respecto al quién (el yo) —de acuerdo a Lejeune, "una identidad es o no es" (1991, p. 48)— pero también al qué (su historia) —quien firma la autobiografía relata "la verdad personal, individual, íntima del autor" (1991, p. 59)—. Aun-

21. El autor menciona que se deben guardar los principios de integridad, justicia y equidad (pp. 164-166). Asimismo apunta, cuando usa como ejemplo *Un cuento de Navidad* de Charles Dickens, en la importancia de la *forma* (p. 169) en que continuaría la historia.

que es cierto que esta postura tan rígida respecto a la unificación de la identidad y el compromiso con la verdad de Lejeune ha sido matizada,[22] me parece que ciertos textos autobiográficos, específicamente los que se escriben en diferentes momentos de la vida, permiten entender al precedente, en tanto que relato ético y estético que no se puede modificar caprichosamente y debe respetar el pasado.

Desde luego, en este esbozo que he realizado, hay una distinción respecto a lo propuesto por Dworkin. Y es que a diferencia de la novela encadenada, el texto autobiográfico es escrito solamente por "dos manos"[23] aunque en realidades espacio-temporales que hacen que la misma persona *se perciba diferente* en el texto.[24] De hecho, algunas autobiografías empiezan el relato en la niñez y, por tanto, la autoría de la niñez y la autoría de la adultez conviven en el texto. Lejeune afirma que ese ejercicio no marca una alteridad pues es siempre la misma persona y su argumento, tiene bastante razón. No obstante, ¿qué sucede si hay un texto escrito en otro momento vital y que se incorpora a otro texto autobiográfico? ¿Es posible que sea un sí mismx de otrx (Ricoeur, 1996), un yo que por la distancia tiene cierto efecto de alteridad? ¿Serían esas "dos manos" tajantemente dos si parte del escrito proviene de otro tex-

22. En este sentido, Paul De Man menciona que ese pacto[/contrato "con igual *justicia*" no "determina la vida [del autor/a/x]" (1991, p. 113, el énfasis es mío), por lo que la idea de pacto(/*contrato*) autobiográfico más que mostrar la coherencia y solidez absoluta con la propia vida de quien escribe, articula una noción de coherencia narrativa y de deseo. Donna Stanton ha comentado cómo las autobiografías de hombres parten de la idea de independencia y coherencia mientras que las de las mujeres tienden a ser relacionales y fragmentarias del yo (1985, pp. 8-9), por lo que varios matices a la propuesta de Lejeune se han puesto en evidencia.
23. Metáfora que, ahora caigo en cuenta, podría ser capacitista.
24. Podría llevarse al extremo esta postura desde una perspectiva psicoanalítica, en la que ni siquiera la persona es "sí mismx", entendida como del todo controladx, en ningún momento debido a las pulsiones del inconsciente.

to? ¿No habría también en este caso una suerte de precedente textual que somete lo que se puede decir a lo que ya se ha dicho?

En *La insumisa*, como en otros relatos autobiográficos de mujeres lesbianas que se centran en el lesboerotismo,[25] la historia empieza también en la niñez. Es importante mencionar que este no es un texto que haya sido escrito por la niña Peri Rossi, por lo que plantea una narración adulta que, en principio, no puede caer en la subalternización —pues se habla de "una misma"— aunque sí podría caer en las garras de la utopía adulta. Sin embargo, el pacto de referencialidad,[26] el contrato que obliga a la autora a contar "la verdad", es tan arraigado en la novela que el primer capítulo, memorable escrito sobre el enamoramiento de la madre y piedra angular de la novela, se escribió antes (veinticuatro años, para ser más precisxs) en forma de relato, y se publicó en la antología *Antología Madres e hijas* (1996), volumen editado por Laura Freixas. Un caso de intratextualidad en el que el relato y el capítulo coinciden bajo el nombre de "Primer amor," no solo para respetar la narración cronológica sino para articular una noción de precedente —por tanto, que no puede modificarse del todo— desde la experiencia de la niña que modula todo el futuro del texto (y de la vida), que es lo que hace verdadero, íntegro y justo a este ejercicio de autorepresentación.

Por esto que, incluso con la opaca noción de "la verdad", más aún en la autobiografía de mujeres lesbianas (Dunne, 2000, p. 88) y a sabiendas que es un texto escrito en la etapa adulta, ese primer capítulo ancla la propia estructura del relato en la niñez, la cual se vuelve una suerte de *constitución* de la existencia textual. Particularidad literaria que ayuda a que la voz de la niña no solo sea una ficción lograda en el relato de una gran narradora como Peri Rossi, sino un ejercicio ético de recomposición de la subjetividad y de la verdad de la niña.

25. Pienso en *Zami: una nueva forma de escribir mi nombre* de Audre Lorde.
26. Cabe mencionar que este no es el único autorreferencial de la autora. *Julio Cortázar y Cris* (2014a) es un ejemplo citado a menudo sobre su búsqueda de diálogo con lo real.

4. INTERSECCIONALIDAD Y ARROJO PARA HABLAR DESDE/CON LA NIÑA

La interseccionalidad es una noción propuesta por la abogada y teórica afrodescendiente Kimberlee Crenshaw (1989). Este concepto, proveniente de la reflexión jurídica, permite entender cómo cada cuerpo debe enfrentarse a un sistema ideológico que otorga privilegios y opresiones, lo cual hará que su existencia sea más o menos fácil, dependiendo de las matrices identitarias que se encarnan en su existencia. En el caso de Crenshaw, la interseccionalidad ayudó a explicar cómo las mujeres afrodescendientes debían lidiar con la doble discriminación de ser mujeres en un sistema patriarcal y de ser negras en una sociedad racista, haciendo que sea una opresión simultánea la que marcaba sus roles en la sociedad. Esto permitió encontrar la particularidad de la mujer afro, pues la categoría mujer se vinculaba sobre todo a las mujeres blancas y la de afro a hombres negros. La interseccionalidad, al mismo tiempo, evidenció la importancia de que el derecho reconociera determinadas realidades y sus particulares opresiones para combatir la discriminación y fortalecer las políticas de protección hacia las mujeres negras.

La interseccionalidad es un principio que no solamente se aplica a las mujeres sino a todos los cuerpos que, necesariamente, habitan formas de privilegio o de opresión. Esta conceptualización, no obstante, requiere cuidado pues, especialmente en el Primer Mundo, la interseccionalidad no debe verse como una sumatoria de categorías sino como maneras impuras y simultáneas de lidiar con la complejidad identitaria (Lugones, 1999).

La primera vez que el principio de interseccionalidad adquiere un carácter de jurisprudencia vinculante, de precedente, en América Latina es a través del caso de una niña: Thalía González Lluy, a la que un negligente centro de salud ecuatoriano le realizó una transfusión de sangre que le transmitió el VIH, y que desencadenó durísimos episodios de discriminación por salud, educación, vivienda, así como el menoscabo de otros derechos humanos. Al ser mujer, niña, seropositiva y pobre, es decir al encarnar Thalía varias intersecciones de opresión, que de hecho conforman la subjetividad de la niña en el sistema sociocultural actual, tal como estipula la Corte Interamericana de Derechos Humanos, se articuló sobre ella una "forma específica de discriminación que resultó de la intersección de dichos factores, es decir, si alguno de dichos factores no hubiese existido, la discriminación habría tenido una naturaleza diferente" (CIDH, 2015). Por ello, analizar cómo operan determinadas intersecciones —mujer/niña, niña/lesbiana, lesbiana/ciudadana del Tercer Mundo, etc.— resulta crucial para entender determinadas subjetividades y las formas de discriminación que viven.

La literatura, como espejo del derecho, puede ayudar a entender la valía del principio interseccional y es por ello que resulta clave pensar cómo opera narrativamente. En la novela *La insumisa*, al igual que con el caso de Thalía González Lluy, nos encontramos frente a la historia de una niña. Una niña que es también mujer. Por tanto, las opresiones del patriarcado y del sistema adultocéntrico ayudan a pensar en la particularidad de la niña (no de la mujer, no del niño, de la niña).[27]

En este sentido, parto del análisis de la teórica Ana Zamorano Rueda que menciona que *La insumisa* es un "intento consciente de escritura autobiográfica [que] nos sorprende con un lenguaje infantil que busca aunar la inocencia y el tiempo de niñez con la experiencia de la amante adulta" (2021, p. 44). En esta lectura teórica, una de las más llamativas sobre este texto de Peri Rossi, es interesante que se enuncie la convivencia entre lenguaje infantil y focalización adulta como estrategia narrativa para evadir la mirada subalternizante de la que nos alertaba Pleitez Vela. De hecho, entender que esta historia de una mujer es *también* la historia de una niña da densidad a este texto y permite una forma de empatía con la niña como ser racional, sexual y con poder de decisión, dándole un poder de habla particular.

27. Cabe mencionar que el fallo de la CIDH a favor de Thalía ocurre cuando ella ya era adulta. Así como el texto de Peri Rossi se escribe en su adultez.

Sin embargo, hay una cuestión que Rueda no analiza directamente en este párrafo y es que la narradora/autora/persona es también lesbiana, en una sociedad heteronormativa; la palabra "amante", me parece, no expresa del todo esa categoría identitaria. Entender cómo en la narración la entidad autobiográfica es mujer, niña y lesbiana, de modo simultáneo e inseparable, resulta importante por dos razones. Uno, porque como señala Martha Nussbaum, la literatura tiene el poder de articular una serie de empatías, necesarias para "nuestra preocupación sobre el bienestar de otras personas, cuyas vidas están lejanas a las nuestras" (1995, p. xvi), en este caso respecto a la vida de las niñas lesbianas, de las cuales tan poco conocemos por la práctica lesbofóbica del ocultamiento y por el mencionado adultocentrismo. Y dos, por el uso recurrente en tiempos actuales del tropo de la niñez, especialmente por parte de exponentes de la llamada "ideología de género", arguyendo que los reclamos sexodiversos y sexodisidentes ponen en peligro su futuro; como si parte de la niñez no fuese marica, lesbiana, trans o intersex, y por tanto acreedora de la protección jurídica, incluso mayor por las posibles discriminaciones que los sujetos que la componen podría vivir.

Además de esto, la interseccionalidad en esta historia posibilita analizar una serie de discriminaciones y formas de violencia que ayudan a entender las complejas realidades de las niñas lesbianas. Y de esta forma, sacar a la luz algunas cuestiones que deben *preocuparnos* respecto a la niñez y adolescencia lésbica. En este sentido, me permito detallar algunas de estas vejaciones para subrayar y problematizar los discursos que las posibilitan.

Para empezar, están aquellas violaciones de derechos que ocurren en el seno del hogar, un espacio supuestamente seguro para la infancia, y que reflejan los primeros años de existencia sin el amparo legal. La narradora relata cómo su padre peleaba con la madre y ella escuchaba todo con horror imaginando qué sucedería: "lo peor era que efectivamente mi padre la golpeara, la matara como tantas veces" (Peri Rossi, 2020, p. 121). Asimismo, comenta cómo "alguna adulta tonta —la madre o la abuela— le enseña a la niña que le falta algo [el pene]. Y la niña suele sentirse culpable de aquello que le falta (2020, p. 101), dando cuenta de una naturalización del carácter "inferior" de la mujer como un destino familiar. Algo similar ocurre cuando su tío, un hombre misógino, al que ella, no obstante, admira por su amor a la literatura y a la música clásica, le enseña que: "las mujeres nos escriben y cuando escriben se suicidan" (2020, p. 180), creando un ambiente hostil contra la niña que busca salir del mandato femenino tradicional. Todas estas vejaciones ejemplifican cómo el patriarcado violenta derechos, tales como la vida libre de violencia, la igualdad y la no discriminación y la educación; presente en varias mujeres, pero que en el caso de la niña, por estar en una época de formación y de dependencia de sus familiares, se maximizan.

A esta violencia dentro del hogar de la niña se suma aquella de fuera, en lugares públicos o privados, en los que la condición de vulnerabilidad es aprovechada por otras personas. Por ejemplo, cuando la entidad autobiográfica niña narra que el autobús donde viajaba "estaba lleno de pasajeros adultos que aprovechan los pasillos repletos y la obligada proximidad para infames toqueteos. Nadie protestaba; todo ocurría en un silencio duro y oscuro, como una piedra" (2020, p. 213). O también cuando rememora "un par de episodios desagradables y perturbadores, de chica, con amigotes de mi tío soltero" (2020, p. 185), los cuales, aunque no se enuncian, permiten intuir formas violentas de aproximación a la sexualidad infantil. Estas vejaciones a los derechos a la integridad personal o al ambiente sano y equilibrado, tienen un matiz espacial: está ligada al deseo heteropatriarcal que, nuevamente, adquiere formas particulares por el período de formación infantil que implica mayor vulnerabilidad, respeto a la autoridad y desconocimiento; más aún si consideramos el carácter secreto en torno a la sexualidad, que impide que se la aborde de modo amplio, y muchas veces las acciones deban permanecer en el silencio, dando una sensación de impunidad que lastima profundamente a la niñez (Intebi, 2008, p. 258).

En esta línea de vejaciones de derechos, que se vinculan al silencio y la impunidad, hay una escena más explícita en la que se relata, de modo sobrecogedor, cómo de niña la entidad autobiográfica sufrió una violación por parte de un enfermero, mientras esperaba ser atendida en el hospital debido a una apendicitis: "hundió sus dedos en mi sexo, hasta el fondo" (Peri Rossi, 2020, p. 194), confiesa con dolor la pequeña, dando cuenta de prácticas de abuso de poder, que rompen el consentimiento y dañando al cuerpo. Al relatar el traumático evento a su madre y al médico, nada más ocurrido el suceso, este último la subestima y le replica que se ha confundido. Al salir el galeno de la escena, la niña, enfática, le repite a su madre lo sucedido y en vez de recibir complicidad, protección y denuncia, la mujer le dice: "No se lo cuentes a nadie más, por favor" (2020, p. 196), por lo que, por acción o por omisión, la mujer, la niña, la lesbiana, —todas voces de la narradora/autora/personaje Peri Rossi—, sufre violencia por el deseo del enfermero que es puro desenfreno patriarcal, al que se suman el médico y el sistema de salud, por lo que se ejemplifica de modo más claro cómo la condición de niña, incluso siendo una niña "insumisa", como es el caso de la protagonista, marca formas particulares de violencia y de silencio en el relato que se expresa así: "No volví a pensar en el asunto, estaba demasiado dolorida, me daban medicamentos, quería irme a casa y retomar mi vida habitual, olvidar ese episodio que no tenía ninguna explicación clara para mí en el cajón de los recuerdo muertos" (2020, p. 196). Ese fantasma, el recuerdo muerto, solamente se retomará muchos años más tarde en esta novela; aunque como buen fantasma ha acompañado a la niña cuando es adulta. A esa adulta que de algún modo sigue siendo una niña herida.

Es interesante ver cómo esa voz de la niña mediada por la mujer mayor, que expresa violencia pública y privada, poco a poco empieza a incorporar otras realidades vitales que intersectan otras vejaciones y su propia voz. En otro doloroso episodio vinculado a la educación escolar, la entidad autobiográfica descubre que es "anormal", al dialogar con una de sus amigas, también lesbiana, Alina: "somos tortilleras [...] Somos homosexuales por eso no nos quieren[28] —me dijo Alina. Por-

28. De hecho, la migración y la melancolía están tan presentes en la obra que el último capítulo de *La insumisa,* "Nena querida", es una reflexión profunda sobre el amor, el tránsito, la literatura y la añoranza.

que no somos normales. Somos monstruos" (2020, p. 217), demostrando nuevamente un tipo de violencia particular, la de la orientación/deseo sexual, que obliga al silencio y, en ocasiones, a la muerte. De hecho, su amiga Alina, casada con un hombre para ocultar las apariencias, termina suicidándose años después. En el siguiente capítulo ahondaré en el tema del futuro/*no futuro* homosexual; no obstante, quería apuntar en este episodio cómo hay una pedagogía de la muerte por transgredir la norma heterocentrada, y cómo esa niña aprende esto.

Cabe señalar que la niña en la novela, no obstante, tiene capacidad de análisis y de respuesta, lo cual recuerda que la niñez no es irracional y falta de argumentos. Es por el contrario reactiva y con agenciamiento. Así, ante su descubrimiento de ser "anormal" la niña responde: "Si soy anormal, es porque Dios me creó así, [sic.] Él sabrá por qué. De modo que soy culpable". Ante la insistencia por parte de su compañerita Alina que debe cambiar pues sino nadie la querrá, la niña declara: "Viviré sola, no me casaré ni tendré hijos, y si nadie me quiere, viviré sola, con los libros, la música y un perro" (2020, p. 219). Esto permite comprender cómo los mandatos pueden subvertirse y cómo, a pesar de la desigualdad estructural, la búsqueda de otros destinos, más allá de la norma consuetudinaria heterocentrada, ha sido también parte de las personas provenientes de grupos oprimidos. Esto también es parte de la interseccionalidad. Entender que las matrices de opresión que se juntan en el cuerpo con otros privilegios (el de la clase o el de la alfabetización) posibilitan formas creativas y poderosas de resistencia.

Al hilo de esta lectura de interseccionalidad es importante señalar cómo otras matrices de la vida adulta se juntan con la visión de la niñez. Tómese por ejemplo, la condición migrante. Para esto cabe apuntar que Peri Rossi ha tenido al exilio como uno de sus temas centrales de escritura. Mírese cómo en "El viaje" la voz poética resalta ese vértigo de quien migra:

> Nadie te despidió en el puerto de partida / nadie te esperaba en el puerto de llegada / Y las hojas de papel en blanco enmoheciendo / volviéndose amarillas en la maleta maceradas por el agua de los mares. / Desde entonces tengo

el trauma del viajero / si me quedo en la ciudad me angustio / si me voy tengo miedo de no poder volver (2008, pp. 328-329).

Esa condición de extravío que hace que haya una escisión en su identidad (local/migrante), además, debe considerarse a la luz de su biografía, pues su exilio se debió a que sufrió amenazas de muerte por ser militante de izquierda, a poco de que se cuajase el golpe militar de 1973 en Uruguay.

Este sentimiento de pérdida del país de algún modo se incorpora en la niña, en un episodio formado a partir de un *flashforward* donde le hablan por primera vez, con poco cuidado, de la menstruación y de si su cuerpo está "desarrollado". Allí describe al padre de la casa "Mustafá, un árabe de rostro muy blanco, ojos azules, pelo negro y una indefinida melancolía en la mirada, la de los emigrantes (esto lo aprendí mucho después)" (2020, p. 183); cuestión que de alguna manera habla de su propia tristeza, su exilio, que sufrirá años después. Intersecar esta nueva identidad, refrenda que su texto está escrito en la adultez, pero se aferra a la mirada de aprendizaje de la niñez, no solo para comprender sus vejaciones sino las vejaciones de otras personas que en el futuro también serán propias.

En todas estas escenas presentadas es posible entender las múltiples discriminaciones y violencias que vive la niña mujer, la niña lesbiana, la niña de hogar disfuncional, la niña insumisa, todas operando a la misma vez de modo inseparable y vinculadas a esa corporalidad mujer. Frente a esas intersecciones es clave entender cómo las violencias sobre el cuerpo de esa niña forman una vejación particular. Menciona la entidad autobiográfica en un punto de la novela, "acababa de comprender uno de los mecanismos más crueles de los adultos: asustar a los más débiles, aterrorizarlos" (2020, p. 63). Esta frase da cuenta de cómo la suya era una vida que, en verdad, tenía un devenir muy incierto, pues el mandato de la reproducción, la rebeldía contra el heteropatriarcado y la crítica contra las violencias hacían del suyo un proyecto vital precarizado. Esto es importante de subrayar pues los ideales de protección de lxs niñxs y los discursos que lo enarbolan (hoy, por ejemplo, a través del famoso slogan conservador y de la extrema derecha "Con mis hijos no te metas") son por definición excluyentes y obedecen, sobre todo, a un concepto de niñez privilegiada (Carli, 2010), articulando un discurso de doble rasero en el que a niñxs más oprimidas se vuelve carne de cañón de una idea fantasmática de ese "niño", ideado en la mente conservadora. Curiosamente el discurso de derechos humanos, a partir de varios instrumentos internacionales, menciona que la protección especial de niñez y adolescencia debe ser prioritaria para las personas que habitan matrices de discriminación, que es lo que esa niña Peri Rossi, mucho más que solo una niña, necesitaba.

La violencia contra las mujeres en América Latina es estructural y, sin embargo, dicha violencia al intersecarse con otras matrices se vuelve específica, tal como presenta la narración de Peri Rossi respecto a su propia vida. El ser agredida sexualmente, el no contar con una red de apoyo, el no poder expresar el deseo lésbico en el patriarcado, el ser corregida y subestimada, el no ser entendida del todo por las mujeres heterosexuales y heterocentradas da cuenta de cómo hablar de lo que afecta al cuerpo es pensar la clave del deseo, escrito en el código masculino de violencia del contrato social heterosexual (Wittig, 2005). Esa voz permite visibilizar a esa subjetividad de niña lesbiana latinoamericana, y las violaciones con las que debió lidiar. Su voz enuncia aquello que ocurre de modo estructural, pero también, y aquí aparece la importancia del estilo y del propio género literario de la novela autobiográfica, que su singular impronta. De hecho, lo que hace tan fuera de serie a esta narradora es que siente y razona la discriminación; y la expresa con honestidad, con rabia y con razón. Es decir, plantea un "archivo de sentimientos" (Cvetkovich, 2018) que pone a disposición de quien lee esta novela los discursos hegemónicos que lastiman, disciplinan y silencian su cuerpo infantil; pero también las respuestas infantiles, que se presentan como argumento ético ante la insensibilidad social, permitiendo medir lo que en derecho se conoce como *afectaciones*, los daños a la persona que requieren reparación por parte del sistema jurídico.

A partir de dar cuenta de la propia vida y al compartir la discriminación con la emoción y el pensamiento esa niña que tradicionalmente no puede hablar se convierte en alguien *excepcional* para el testimonio en el discurso literario. Susan Sontag, en este sentido, señala cómo ante la reproducción de imágenes (y actos) de violencia se "precisa de la creación de testigos de excepción, reconocidos por su arrojo y celo" (2010, p. 34). La niña Peri Rossi, cuerpo que por sus intersecciones no tiene esa protección jurídica y social que en teoría tiene la niñez, sobrevive dignamente por ese arrojo, lo cual da un carácter de resistencia y profunda humanidad a su personaje (y a su autoría). Mientras escucha a su padre amenazando de muerte a su madre toma un cuchillo por si debe defenderla (y defenderse); ignora la misoginia de su tío y escribe; cuestiona las normativas de la madre y la abuela y celebra ser niña; con desparpajo e ira ante la violación sufrida denuncia el daño... y ante el silencio, continúa con su vida; contradice el discurso de la anormalidad y encuentra formas distintas de existencia; y, desde luego, escribe este texto con pasión y rabia, que de hecho son las emociones que le proveen de racionalidad para articular las ideas lúcidamente.

En suma, y aquí hago el alcance a la propuesta de Zamorano Rueda, al escribir no solo están redactando las "dos manos" de la niña y la adulta al unísono sino también las de la lesbiana, la uruguaya, la abusada sexualmente, la que será exiliada voluntaria, etc. Así, entendemos una narradora interseccional que arma un repositorio emocional, el cual busca revalorizar ciertas afectaciones y sentimientos que se van construyendo desde diferentes precedentes de vida y resistencia. Un testimonio de una misma y de una misma como muchas otras en clave autobiográfica que, sin olvidar sus precedentes, repara las afectaciones, las heridas, de la niña.

5. RESEMANTIZAR EL AMOR: SANAR LA HERIDA PARA LLEGAR AL ÉXTASIS LESBIANO

Quiero terminar este capítulo pensando en la importancia de la reparación de la niña lesbiana y cómo los afectos y emociones se vuelven centrales para tal fin. En este sentido, en su aguda relectura de Robin West, el teórico argentino Jorge Roggero reflexiona sobre cómo el entronque derecho/literatura, desde una "comunidad textual", puede ayudar a entender la alteridad. Él comenta:

> [E]s posible afirmar que en esta dimensión afectiva también encontramos una textualidad. Constituimos comunidades por medio de la textualidad, pero ésta no se limita al "culto del texto" que escinde "civilización" y "barbarie", sino que remite al "texto" como la "huella diferencial" presente en todo referente y en toda realidad, remite a esta omnipresencia de la mediación interpretativa que nos constituye como existentes humanos y se registra también, y de modo decisivo, en el plano afectivo (2016, p. 44).

De acuerdo a esta postura, para repensar al derecho como saber y praxis transformadora son necesarios textos que ayuden a comprender que "la comunidad es el otro" (2016, p. 46). Así, las emociones que determinado texto literario imprime y que permiten conocer a la alteridad e incluso empatizar con ella, requieren del reconocimiento de los discursos que edifican la alteridad. Solo así, con esa conciencia de que los textos literarios y jurídicos ya crean una alteridad, pues obedecen a cánones ideológicos, es posible entablar diálogos críticos que construyan comunidades más justas. Es esta base ética la que permite que reconozcamos el valor que tienen las emociones para cifrar los dispositivos, discursos e ideologías que excluyen a ciertas corporalidades de los textos jurídicos y literarios, para así poder desmontar algunos presupuestos que conforman la ley y el canon literario, por ejemplo.

Para este ejercicio de revisión hay que partir de un antecedente y es que tradicionalmente el conocimiento se ha impuesto sobre el sentimiento, que no debía tener cabida, al menos en la deliberación política y jurídica. Es probable que esto se asiente en la idea platónica de que el sentimiento debía ser sometido por la ley para entrar así en la reflexión racional y ser productivo para la discusión pública en Grecia. De hecho, "la palabra *filo-sofía* indica ese desplazamiento del goce físico al intelectual: la sabiduría separada del cuerpo" (González de León, 2020, p. 206), lo cual permite entrever ese pánico emocional en la academia.

A partir del llamado *giro afectivo* una serie de autorías de diferentes campos han articulado una rama de estudio que permite un abordaje complejo y amplio de los sentimientos: las *teorías de los afectos,* que han intentado rever esta separación, y que han tenido diálogos productivos con el derecho. Una de las piedras angulares de estas teorías es la división entre dos conceptos: emoción y afecto. Grosso modo, las emociones son vistas como la representación histórica y social de los sentimientos, mientras que los afectos son intensidades corporales inconscientes, las cuales tiene todo cuerpo frente a determinadas circunstancias (Massumi, 2002, pp. 35-39).[29] Esta división teórica y metodológica permitió un acercamiento productivo a pensar el sentir y sentir el pensar en el espacio de la academia sin caer en los tópicos y lugares comunes del discurso amoroso.

En este sentido, racionalizar los sentimientos (y sentir las razones) es una tarea importante en nuestra época de revalorización del cuerpo como generador de conocimiento, también dentro del ámbito de los estudios literarios y culturales (Torras, 2006); más aún si hablamos de emociones significativas para la sociedad que se repiten en diferentes cuerpos y que, al ser compartidas en el espacio y en el tiempo (Berlant, 2005), pueden construir referentes éticos, políticos y jurídicos que, tal como mencionaba Roggero, ayuden a repensar la alteridad y la recomposición de la comunidad.

En el caso de la niña lesbiana, me parece clave analizar críticamente uno de los sentimientos más repetidos en la sociedad: el amor. Esta compleja emoción ayuda a ensamblar idearios de cohesión y altruismo, de pasión y compañía, de autoestima y reciprocidad, cruciales para la construcción social e individual y por tanto para la reflexión de dicho topos en los textos literarios. Sin embargo, la reflexión de los afectos y del

29. Autores como Green (1977) previamente invirtieron la terminología. Los afectos son una suerte de respuesta primitiva que realiza el cuerpo de modo casi automático; y las emociones la reproducción social de esa experiencia emocional.

amor que busco delinear requiere aproximaciones feministas y *queer*[30] y de la crítica anticolonial y antirracista, específicamente proveniente de los países latinoamericanos[31], dado el carácter esquivo del amor en las corporalidades lesbianas del Sur.

En este sentido, Monique Wittig y Sande Zeig en su célebre texto *Borrador para un diccionario de las amantes* al momento de definir la entrada de la palabra "AMOR" comentan: "En virtud del alto tributo que las amantes deben pagar de sí mismas para utilizar esta palabra, no es ya muy empleada. Sin embargo, no todas las amantes han renunciado al amor" (1981, p. 15). Efectivamente, la construcción social del amor, asociado con la idea de emoción (y por tanto de construcción social), afecta a las mujeres lesbianas y las somete a una serie de normativas heteropatriarcales de deseo y emocionalidad que genera dudas y suspicacias, tal como plantean las autoras mencionadas.

La idea de un código de amor cifrado en la ideología heterocentrada es tan marcado que afecta también a la propia percepción de los saberes académicos, incluso cuando se busca plantear ejercicios interdisciplinarios como es el caso de la literatura y el derecho, que he querido esbozar en estas páginas. Menciona Meri Torras respecto a uno de los

30. A partir de cuestiones como el estudio y revalorización de las emociones negativas (Halberstam, 2018), la incorporación del género en lo teórico y lo metodológico (Ahmed, 2015; Hemmings, 2015), el rescate de formas históricas de articular el pensamiento (Cvetkovich, 2012) o el estudio genealógico y crítico de emociones hegemónicas (Sedgwick, 2003)

31. La decolonialidad ha nombrado formas de largo raigambre como el sentipensar de Fals Borda, del que hablaré en el capítulo II, así como formas y metodologías nativas de mujeres (Méndez Torres, 2013), y de disidencias sexuales que cuestionan formas hegemónicas del sentir (Vera Rojas, 2014; Falconí Trávez, 2016b). Formas que no realizan una división tan tajante entre emoción y afecto, y que revisan la supuesta universalización del amor modulada por Occidente.

textos fundacionales de la relación entre derecho y literatura en el mundo anglosajón:

> [En el libro] de Neville Turner y Pamela Williams *The Happy Couple. Law & Literature* (1994) se muestra una ilustración de Chris Morgan en la portada, que personifica *the Law* con la representación de la Justicia, en femenino, que es tomada por la cintura por un caballero, con flores en la mano, que debe personificar —no sé según qué convención— *the Literature* (2016, p. 141).

Esa pareja heterosexual, metáfora de la "comunión" de las dos disciplinas del saber, ya está cifrando un código de amor, seducción, vinculación en lo social, artístico y legal, y en consecuencia, reproduce ciertas formas de relación que pueden perder la eficacia transgresora del análisis interdisciplinar.

La crítica literaria ha reproducido lo mismo y se ha erigido tradicionalmente sobre supuestos de objetividad que, sin embargo, y como explica Susan Winnet (1999, p. 147), instauran figuras, léxico e ideas patriarcales como si fuesen una crítica universal y objetiva, sin atender a su valor discursivo que delimita sus propias limitaciones. Uno de los ejemplos clásicos de esta práctica, con referencia al amor, es la reflexión de Harold Bloom sobre el amor y el feminismo (una lectura crítica que él no apreciaba particularmente y llamaba ideológica y resentida) desde Virginia Woolf en su conocida lectura sobre el canon occidental. En su libro, Bloom desarrolla el amor en varios personajes, libros y autorías de modo erudito.[32] Sin embargo, cuando se llega al capítulo sobre Virginia Woolf, que sirve para plantear una crítica al feminismo en el sistema literario, la conclusión del autor, a partir un texto tan disidente respecto al género y a las prácticas normativas como es *Orlando,* es que cuando se plantea al amor en la novela (obra donde la disidencia a la norma sexual y a las for-

32. Cuando por ejemplo habla de Shakespeare, Bloom habla del amor de Cordelia hacia Lear en *Rey Lear*. O del amor por Beatriz en Dante en *Vida nueva* y *La Divina Comedia.* Por poner dos de los muchos más ejemplos presentados en la obra.

mas *torcidas* de amor son evidentes) es que es que el "amor, en Orlando, es siempre el amor a la lectura, incluso cuando se disfraza del amor por un hombre o una mujer" (1994, p. 442). Por lo que el posible amor disidente de una persona que cambia de sexo y género dentro de la obra se desvía convenientemente hacia el amor a la literatura, desactivando una crítica que permite repensar el canon, por ejemplo a través de las formas permitidas del amor. Ese amor-otro, en la extraña traducción hacia el derecho que mencionaba antes, podría ayudar a garantizar cuestiones como uniones civiles, relaciones poliamorosas, familias diversas, etc., cuestión que la doctrina jurídica más tradicional tampoco reconoció.

Desde luego, esta supuesta mirada objetiva de la crítica literaria se reproduce en el derecho que históricamente ha protegido solo un modelo de familia, de deseo y de amor, que hoy poco a poco se está desmontando en varios sitios del planeta.

Dicho esto, volvamos a lo esencial del artículo, la heteronormatividad del amor que ha hecho que sea difícil para las lesbianas arroparse en la grandilocuencia de esta emoción, como subrayaban Wittig y Zeig. Cabe preguntarse ante esto, ¿renuncia Peri Rossi al amor? ¿O prefiere resemantizarlo?

En un contexto complejo y contradictorio de los derechos de niñez y adolescencia que se cumplen a medias, de la aceptación bajo el discurso liberal de los derechos LGBTI y del canon heterocentrado que admite contracánones (Sedgwick, 2003), interesa pensar qué estrategias planteó Peri Rossi en su momento para enunciar un amor-otro lésbico juvenil? Para ello, me parece clave volver a aquel primer capítulo, precedente y constitución de la novela.

En "Primer amor" el alter ego de la entidad autobiográfica niña le confiesa a su madre que está enamorada de ella y que quiere que se casen. Al entender que no es posible ella apunta: "La ley, pues, impedía nuestro matrimonio. Lo acepté con entereza, pero secretamente dispuesta a realizar todos los esfuerzos para cambiarla, dado que la ley vedaba el cumplimiento de los deseos de las personas" (Peri Rossi, 2020,

p. 18). Se percibe un sentipensar de la niña (Fals Borda, 2015) que no le quita racionalidad a sus sentimientos, sino que reflexiona de modo profundo y expansivo, sintiendo los fulgores del cuerpo. No obstante, lo que hace particular a este primer capítulo de la novela autobiográfica (precedente, como comenté) es cómo se contrapone lo que se siente y afecta al cuerpo con las normas sociales que regulan los paradigmas de reproducción, heterosexualidad y tabú sexual, al poner en el centro del debate el uso del deseo lésbico incestuoso. Así, lo que narrativamente constituye a esa voz infantil, es que esa conciencia no nace ni se basa solo en el amor sino en las normativas respecto a este.

La idea de injusticia en la narradora, de no saber por qué no podía ser pareja de su madre a la que ama y desea, es en verdad lo que estructura el capítulo y el texto. Hay una pugna constante e insalvable entre lesboerotismo y prohibición, la cual otorga el carácter discursivo a la obra. El reclamo de poder ser a través del erotismo, por tanto, contrapone afecto y emoción, y lo hace al usar la figura de la madre y el padre respectivamente.

La madre, que no censura el deseo lesbiano pero tampoco lo *performa*, es el *precedente* del amor (de hecho puede encontrarse parte de ese afecto en otros textos de carácter paraliterario, por ejemplo la correspondencia con su madre)[33] pero no del amor lésbico. De todas maneras, ella se contrapone con la figura del padre que representa la normativa heteropatriarcal y la ruptura del amor de la lesbiana, obligada a cumplir el deseo heteropatriarcal. En este sentido, cuando la mujer le escribe a su progenitor, muerto años antes, le reclama: "Quizá comparto con vos la tendencia a la soledad, al aislamiento, y como vos a veces miento, pero procuro no causar miedo a la gente que amo y especialmente: no deseo el amor de las niñas" (2020, p. 49). En esta inquietante frase (que puede

33. Ma Rosa Olivera-Williams ha analizado las cartas y reflexiona: "Las cartas que la escritora envía a su madre son cariñosas e íntimas y están enfocadas, en su gran mayoría, en problemas familiares" (2018, p. 68). Un estudio enfocado en la intertextualidad podría revelar otras vinculaciones textuales.

ser real o simbólica) se sugieren posibles prácticas incestuosas. No obstante, no es el incesto lo que diferencia al padre y a la madre (de hecho, "Primer amor" es una parodia amorosa del incesto) sino la violencia, la verticalidad en aplicar la norma. Así, se puede entender cómo las tecnologías heteropatriarcales de la infancia hacen añicos el deseo lesbiano a partir de obligar la heterosexualidad. Y aunque la figura del padre es la responsable de esta violencia, la niña tampoco recibe consuelo por parte de la madre, metáfora de cómo el erotismo heterocentrado de la mujer tampoco es suficiente para consolar a la mujer lesbiana.

De todas maneras, tal como sugiere Ann Cvetkovic, el incesto es la marca del daño, la herida, que la niña lesbiana cargará consigo a lo largo de su vida; un trauma por la violencia del padre que es constitutivo de ciertas identidades lesbianas y "reside tanto en el secreto como en el abuso sexual" (2018, p. 139). No obstante, completa la teórica, es posible lidiar con el trauma heteropatriarcal y sus implicaciones eróticas sin caer en una cultura normalizadora de la terapia convencional que marcaría como *anormal* a esa niña, una vez más y que se quedaría solo en el carácter social de las emociones sin posibilidad de reformular dicha emoción. Para ello, Cvetkovic propone que ante la inminencia del ultraje que pudiera replicarse a lo largo de la vida erótica si hay una intención de desvío del relato, de resignificación los roles de la violencia en el acto erótico y de recontar "historias con una verdad emocional más que literal" (2018, pp. 140, 158), es posible lidiar con el trauma de otra manera, y es lo que algunas comunidades y personas lesbianas han hecho. Me parece que en *La insumisa* hay algunos ejercicios que ayudan a desviar el relato, a resignificar el amor y a reconstruir ese mandato heteropatriarcal simbolizado por el incesto que van de la mano de las ideas de Cvetkovic.

Cuando la niña se refiere a su segundo amor, su niñera, varios años mayor que ella, la "AMABLE MABEL [...] un delicioso anagrama" (Peri Rossi, 2020, p. 104), apunta de modo sugerente que ella era: "mi madre adoptiva, yo adopté el papel de hija preferida [...] (2020, p. 105)", resemantizando el lugar de la madre, reconfigurando nuevamente con la idea de incesto con gracia y algo de perversión. Asimismo, tiempo después, la niña se enamora de Elisa, una compañera de clase y en un baño de la escuela, en verdad una letrina, las niñas pinchan sus dedos e intercambian sangre y ella exclama: "era amor, sin que lo supiéramos" (2020, p. 200), reconfigurando los espacios y recurriendo a lugares abyectos, lejanos a los lugares burgueses "seguros" como puede ser el hogar familiar. De manera similar, años después la narradora recibe su "primer beso de amor" cuando conoce a una chica mayor a ella, a quien ayudará a nivelarse en literatura e historia y tendrá sexo con ella, rememorando el acto así: "después de muchos años obtenía mi recompensa, ahora era un ternero hambriento, mamón, que chupaba con frenesí, agarrando el pezón como un huérfano" (2020, p. 114), articulando un deseo animal, poderoso que no deja de jugar con las figuras materna y paterna, justamente para resituar la cultura de la violencia y el incesto como denuncia de las prácticas violentas en contra suya.

Asimismo, estos episodios subrayan cómo las comunidades sexodisidentes han buscado sentir y *ejecutar* de otras formas de amor menos rígidas y contestatarias al relato reproductivo del matrimonio. Reflexionar sobre estas formas permite también entender las respuestas que la *alteridad* ha tenido respecto al privilegio articulado por el pacto heteronormativo.

De esta manera, ese sentipensar infantil responde a la normatividad y renegocia el amor heterocentrado para alcanzar una justicia erótica que opera contra las opresiones sexuales (Rubin, 1989, p. 130), y que intenta reparar las heridas interseccionales que desde la niñez a la adultez modulan el relato del yo. La verdad ética, marcada por el precedente, busca sanar la herida sea como sea y en su intento que ensambla el amor lesbiano a través de resignificaciones y nuevas maneras de relatar el trauma.

Un segundo caso de esta renegociación del amor para repensar la comunidad es el relato "Tristán e Isolda", publicado en la Revista de la Academia Nacional de Letras del Uruguay No. 14, que ayuda a comprender cómo el amor es un discurso que junta lo legal y lo artístico/literario que requiere de tácticas para que se traduzca a otras prácticas corporales.

Una joven adolescente, que es la narradora del cuento, escucha cada tarde un LP que tiene el aria de amor, locura y muerte de *Tristán e Isolda*. El LP comercial, objeto clave del relato, nos ubica entre 1950 y 1980, época en la que el disco de vinilo era la forma de reproducción musical central. La escucha compulsiva del drama musical de Wagner, cumbre del romanticismo alemán, permite a la joven reflexionar sobre el acto erótico dejándose llevar por la música apasionada, concéntrica, en constante vaivén, como las olas, "hasta la apoteosis, el gran estallido final del orgasmo". Ella realiza este acto placentero lírico-sexual a escondidas de su abuela, "drogándose con el aria", según sus propias palabras, y aunque no estaba enamorada descubre la clave del amor: "soñar sadomasoquistamente con el amor (placer y sufrimiento que van juntos)" (Peri Rossi, 2014, p. 86).

Después de algunos años de entrenamiento erótico-musical en su cuarto y gracias al tocadiscos ella conoce a una joven con la que estudia, con quien tiene largas caminatas, con la que comparte libros y charlas. Por un viaje inesperado, su abuela y tío, con quienes vive, se van durante el fin de semana. Solo quedan en casa ella y Jack, su perrito. La joven prepara la morada. Velas, un pantalón y una blusa blanca, y una botella de vino. Su amiga llega y descubre las artimañas de seducción. Poco después se besan.

> Solo el acelerado corazón, el rubor de las mejillas, la palpitación de la vulva. Nos besamos en la boca. Un beso apasionado y absorbente, largo, sensual, con los ojos cerrados o medio abiertos, un beso que no se podía suspender ni para respirar y que nos obligaba a cambiar de posición la cabeza; un beso sofocante y a la vez líquido, carnal y húmedo, que sorbía el pensamiento, las mejillas, el píloro, la lengua, los lóbulos y estremecía desde los cabellos a los dedos de los pies. Sin dejar de besarnos me fui aproximando al pasadiscos. Sobre el plato, aparentemente inofensivo, estaba el LP: Kirsten Flagstad cantando el aria de amor, locura y muerte de *Tristán e Isolda*. Solo me solté para sugerirle: "Con la música". Fue innecesario. Sentíamos lo mismo (2014, p. 88).

Un flashforward nos ubica en el día siguiente. Jack, el perro fiel, junto a la cama mira a las dos amantes. El acto ha sido tan intenso que, cree la narradora, también el animalito se ha enamorado (lo cual sugiere que Jack ha estado todo el tiempo en la habitación) rompiendo, como suele pasar con Peri Rossi, las ideas convencionales del sexo y el amor. Aunque el acto sexual no se cuenta, probablemente para preservar el erotismo lésbico de las jóvenes de posibles lectores que siguiendo la lógica heteropatriarcal sean "mirones" que interrumpen el deseo lesbiano, me interesa de este intenso relato rescatar cómo la ópera canónica del amor romántico Wagner simboliza los discursos normativos del derecho y la literatura pero también la capacidad de escape. Es decir, que se establece un "inventario de fulgores" (Gregg y Seigworth, 2010) que entran y salen del canon.

Dejar que la música y la letra en alemán sean un marco que va más allá de la palabra escrita en castellano es una estrategia textual. La palabra es el átomo y arcilla que moldea al derecho y a la literatura y que construye ambas disciplinas. Desentenderse de la palabra y buscar el erotismo en los instrumentos y en la voz son, siguiendo de nuevo a Baudrillard, de disimulación, pretender que no se tiene algo que se tiene. Es decir, pretender que no existen los códigos del amor en esa habitación. Interpelar al canon legal y artístico es la forma que elige la joven para lidiar con la lesbofobia del derecho y la literatura. Transfigurarse en la pasión que es lo que le ocurre a Isolda, pero sin muerte: el amor como mutación que permite repensar el devenir sin Tristán.

Menciona la narradora: "Para amar era necesario ser muy valiente, muy audaz: no era un sentimiento para burguesitas provincianas ni para timoratos funcionarios públicos". Abordar con audacia la relación lésbica juvenil, agarrar a la amada por la cintura y con el pantalón blanco, siguiendo y desmontando los patrones del amor, nos permite entender que el amor de la lesbiana en el siglo pasado se ubicó no en los códigos de la patria o en las obras artísticas canónicas, sino en la habitación juvenil de la casa vacía, en los ojos del animal amado, en el aria repetida hasta el cansancio en el tocadiscos. Recuerdo que, como menciona Audre Lorde, el germen de la resistencia política está en el despertar del erotismo (1984).

Este apasionado y breve episodio aparece, mutatis mutandis, en *La insumisa*. Nuevo ejercicio intertextual y de precedente para buscar la verdad ética y la justicia reparatoria. En la novela (en la que hay un límite, el del pacto autobiográfico y referencial) se relata su historia con Elisa el enamoramiento de las niñas, el pacto de sangre (relatado líneas atrás), el poderoso intercambio erótico a partir de epístolas y el desamor, nuevamente orquestado por la familia. La niña sola en su cuarto escuchaba "el aria de amor de locura y de muerte de *Tristán e Isolda* cantada por Kirsten Flagstad" (2020, p. 203) y su madre entra con Elisa que le menciona que sus progenitores encontraron sus cartas: "mis padres dicen que son unas cartas muy apasionadas, que nuestra amistad no es conveniente, que es peligrosa, que esos sentimientos no corresponden a nuestra edad" (2020, p. 206).

De este modo, si la autobiografía marcaba un precedente para hablar de la niña y sus heridas sin caer en la utopía adulta, la ficción sirve para borrar el canon del amor heterocentrado a partir de recontar la historia del amor frustrado en la infancia y llevarlo al camino de la pícara seducción lesbiana. Esto posibilita, en palabras de la narradora de *La insumisa,* cambiar la ley de los hombres" (2020, p. 20).

La sugerente invitación que nos hace Peri Rossi —con su arrojo al intercalar biografía y ficcionalidad; adultez, niñez y diversas intersecciones; trauma y formas otras de narración; emoción y afecto, etc.— es el de recomponer el topos del amor, ubicarlo en el cuerpo y reescribir sus ausencias, silencios y heridas, también desde la teoría. Lejos de ejercicios acomodaticios y binarios como el retroceso de derechos de familia para personas sexodiversas y sexodisidentes, o la globalización de formas tradicionales de la normatividad bajo el slogan *love is love,* la literatura de la autora posibilita a quienes hacemos teoría a sentipensar críticamente el amor, como promesa para desnudar qué afectos vuelven alteridad a quienes no han tenido derechos, pero también para reescribir los poderosos y no del todo rastreables afectos en códigos más abiertos y dignos.

Legado interseccional para lxs niñxs y adolescentes que nos *preocupan* y que están por venir; y para aquellxs que nos acompañan ahora, también dentro de nuestros más trajinados cuerpos.

CAPÍTULO III
¿Hay porvenir para el *anormal*? Muerte. enfermedad y bioética del homosexual en Pablo Palacio, Fernando Vallejo y Luis Negrón [34]

1. LXS ANORMALES. UN BREVE ESTUDIO MÉDICO-LEGAL DE LA HOMOSEXUALIDAD

Michel Foucault ha descrito cómo en el siglo XVII empieza a construirse la noción de *normalidad,* a través de una serie de textos psiquiátricos y judiciales que, de modo intertextual, comparten léxico, teorías y, sobre todo, una mirada sexo-genérica sobre ciertos cuerpos que empiezan a verse como anomalías de lo natural (2007). La mirada monstruosa, mítica o religiosa que otrora definió a determinadas subjetividades se modifica. Es la focalización de la medicina y del derecho las que articulan una verdad respecto a lo *anormal,* no solo desde lo atípico en la naturaleza sino desde lo nocivo para la moral.

En el siglo XIX, y fruto de este hermanamiento entre disciplinas, aparecen categorías que definen a estas identidades *anormales* desde la patología y el delito, siendo la de *homosexual* ejemplar para este efecto. La homosexualidad entra en el manual médico y en el código penal, y universaliza identidades, actos y performances de género.

34. Parte de este artículo se nutre de mi tesis doctoral: *De las cenizas al texto: transgresiones identitarias gays, lesbianas y queer en el ordenamiento literario andino contemporáneo* (2012). Y de los artículos "El cuerpo del delito hembra, el cuerpo del delito marica: intertextos entre la literatura, el derecho y la política" (2016a) y "El desbarrancadero de Fernando Vallejo. Des/integración y cuidado en el cuerpo/corpus seropositivo latinoamericano" (2017).

Esta poco perceptible interacción entre ambas disciplinas pronto involucrará a la literatura como medio probatorio del acto catalogado como enfermo e ilegal. El llamado *juicio del siglo*, seguido en contra de Oscar Wilde por sus actos *impropios*, tiene en la frase "el amor que no osa decir su nombre", encontrada en una carta y en un poema escritos por parte de autor, el argumento para probar su homosexualidad. Este es un ejemplo de cómo la escritura literaria entra al espacio jurídico para representar al sujeto homodeseante; y de cómo uno de los escritores más reconocidos del Reino Unido no podía tener un porvenir, en lo literario y lo social, siendo un *anormal*.

Sin embargo, y como he descrito en otro lugar (Falconí, 2016), en la región andina, la llegada de los colonizadores españoles ya comenzó un proceso legal masivo en contra de "los sodomitas" muchos siglos antes. Nuevamente, la literatura jugó un papel central, aunque con el discurso religioso y no el médico como brújula corporal. El significante *sodomita*, en su llegada al "Nuevo Continente", fue construido por nuevos significados que no existieron antes en Europa y que fueron traídos por los codiciosos conquistadores. Lxs sodomitas fueron designadx en las Crónicas de Indias, los primeros textos literarios escritos (e históricos) en Abya Yala[35], como caníbales (Amodio, 1993, p. 66), como gigantes, monstruosxs y violentxs (Gutiérrez de Santa Clara, 1905, p. 118), con sitios de abundancia de oro (Cieza de León, 2005, p. 22) como pervertidorxs de la niñez; (Domingo de Santo Tomás, en Cieza de León, 2005, p. 183), sodomita afeminadx y travestidx (Bertonio, 1984, p. 154). Sodomita, símbolo de una carne incomprendida que desbordaba las capacidades del

35. El discurso decolonial ha retomado el nombre continental de *Abya Yala* propuesto por el pueblo Kuna, por sobre el nombre europeo *América* que luego se aceptó por las personas criollas. La propuesta política Kuna se utilizó como presupuesto político del movimiento indígena en espacios como el Primer Encuentro Latinoamericano de Organizaciones Campesinas e Indígenas (Bogotá, 1989) y la II Cumbre Continental de los Pueblos y Nacionalidades Indígenas de Abya Yala (Quito, 2004).

entendimiento europeo, el cual, por su ambición colonizadora y de superioridad moral, sepultó formas de vida distintas a la cisheteronormatividad que perdieron, literalmente, toda noción de futuro al ser convertidas cenizas por la normativa legal monárquica de la época: "quemados por el fuego del lugar" (en Llamas, 2002, p. 98).

En este capítulo, me interesa analizar la noción de *no futuro* que se vinculó, y que se sigue vinculando, al sujeto homosexual, marica o gay. Para ello, además de analizar el devenir del homosexual y gay en Europa y EEUU, analizo parte de la historia latinoamericana para revisar cuestiones vinculadas a la colonialidad que posibilitan entender las construcciones de género. Desde la anormalidad producida por la retórica médico-jurídica, y a través de la literatura en tanto medio de expresión, me interesa analizar dos momentos claves de la construcción del sujeto homodeseante: el de la implantación del delito y patología de la homosexualidad en las naciones latinoamericanas y el advenimiento del VIH/sida en la región, que obliga a pensar en formas de cuidado y de descuido con los cuerpos homosexuales y gays. Para ello escojo a dos autores: Pablo Palacio para hablar del no futuro homosexual ligado a la patología y a la criminalización; y Fernando Vallejo, para abordar, desde una perspectiva bioética, la noción de escritura y cuidado.

2. EL NO FUTURO DEL SODOMITA/HOMOSEXUAL EN PABLO PALACIO

El teórico literario Jeff Nunokawa apuntaba que la muerte trágica era una definición de la homosexualidad dentro de la sociedad patriarcal, muerte que ha sido también asumida dentro de las comunidades homosexuales (1991). En su análisis literario vinculado a la literatura inglesa y estadounidense, los personajes homosexuales se representan vinculados a la muerte, fatalidad trágica y sin porvenir.

Lee Edelman va un paso más allá. Desde una perspectiva *queer* analiza en la literatura y el cine el tropo de la niñez, haciendo una crítica a cómo existe una retórica conservadora del sacrificio que contrapone a dos subjetividades: por un lado, a personas sexualmente no reproductivas, y por otro, a lxs niñxs. La afable figura del "niño se mantiene como un horizonte perpetuo de cada política reconocible, como el beneficiario de cada intervención política" (2014, p. 19), articulando un "futurismo reproductivo", basado en la heteronorma, que lleva implícitamente una máxima: "la sacralización del Niño necesita por tanto el sacrificio de lo queer[/marica/tortillero/trans]" (2014, p. 53, el añadido en corchetes es mío). Para el autor, ciertos personajes (que además son vistos como villanxs: Scrooge, el Capitán Garfio, Lord Voldemort o lxs pájarxs de la película homónima de Hitchcock) representan lo opuesto al futuro.

Esta muerte prematura y esta imposibilidad de porvenir en el mundo heterocentrado pueden encontrarse en dos obras del ecuatoriano Pablo Palacio, escritor de relato corto y novela, pero también abogado. Me refiero a "Un hombre muerto a puntapiés" y "Relato de la muy sensible desgracia acaecida en la persona del joven Z", los cuales pertenecen a la colección de cuentos *Un hombre muerto a puntapiés,* publicado en 1927, en un momento de reformulación de las literaturas nacionales, el surgimiento de las vanguardias literarias. Asimismo, al ubicarse en un momento de la discusión de la homosexualidad, permiten entender la construcción del cuerpo *anormal*. Por estos motivos, analizaré ambos relatos buscando comprender cómo la muerte homosexual y su idea de no futuro se articulan literariamente.

2.1. Acorralar al homosexual en el manual médico: recordando al vulnerable joven Z

"Relato de la muy sensible desgracia acaecida en la persona del joven Z" es un cuento que narra una irónica historia: la de un estudiante de medicina que es hipocondríaco y que se enferma de las patologías que va estudiando. Este cuento tiene la particularidad de que, al amparo del uso lúdico y experimental de las vanguardias literarias latinoamericanas, se construye como si fuera un manual médico de enseñanza. En el relato de Palacio, bajo el título de la enfermedad, se describe la patología e inmediatamente después de ella, se cuenta cómo el protagonista de la historia, el joven Z, contrae las enfermedades estudiadas: "Mi nunca bien admirado amigo Z fue un mártir del análisis introspectivo y de su buena voluntad de paciente. Mi amigo Z pudo estudiar la materia íntegra sobre sí mismo" (2000b, p. 48).

Z empieza con un reumatismo articular agudo, pasando por una enfermedad no detectada, por hemorroides, por várices, por un *molluscum pendulum*, por una enfermedad secreta, hasta llegar una taquicardia paroxística esencial, que es la enfermedad que finalmente lo mata. Todas las enfermedades, aunque no se vinculen directamente al acto sexual, en el texto tienen alguna vinculación con la práctica performativa o erótica, por lo que este es un texto de construcción de género. De hecho, el joven Z, el último en el orden del alfabeto, vamos descubriendo (si queremos descubrirlo, claro) que es homosexual (de hecho, los críticos más importantes de Palacio, parece que no cayeron en cuenta de este detalle).

El relato es narrado por un narrador omnisciente que nos cuenta que hay tres personajes más: A, B y C, "amigos" de la Facultad de Medicina del protagonista. Hay un detalle curioso y es que se dice que "C es el cuentista" (2000b, p. 48), por lo que pareciera que C es el que focaliza la realidad, aunque no narra el cuento. De hecho, interpreto que quien narra es el propio manual médico, pero que observa la realidad desde la mirada de C, el estudiante de medicina que le cuenta la historia. A través de ingeniosos estratagemas textuales la narración en primera persona articula una suerte de cofradía, de voz omnisciente en el texto en la que conviven estudiantes y manual, marcando la voz autoritaria de la *normalidad* médica.

Esta compleja relación entre el narrador/focalizador/personaje *normal* y el personaje *anormal* mediada por el discurso científico se vuelve una cantera de útil material para percibir cómo los discursos disciplinadores operaron sobre el sujeto homosexual. Esta pauta articula un *eje semántico*, compuesto por "pares de significados opuestos [...] que determinan la mayor cantidad de personajes posibles, positiva y negativamente" (Bal, 1987, p. 94). En la estructura palaciana el eje semántico heterosexual/homosexual es una matriz insalvable que sirve para hablar por el otro y, sobre todo, *en* el otro.

Esta construcción del texto me parece que se vincula con el lenguaje prescriptivo de la medicina que cambia la realidad con el diagnóstico. Es decir, que con solo enunciar la enfermedad en el cuerpo lo cambia de sano a enfermo.

> *MOLLUSCUM PÉNDULUM*
> El profesor ha enseñado a sus alumnos al pobre hombre que tiene *molluscum pendulum*. Una gran bomba al final del raquis. Bomba colgante, badajenate. En secreto, me refirió mi amigo Z que todas las noches se llevaba la mano "al sitio", tembloroso, presintiendo encontrarse de improviso con la gran bomba que le vapulearía los muslos (2000b, p. 49).

En la narración críptica y llena de símbolos aparece la patología (el *molluscum pendulum*), la sintomatología (la protuberancia, la "bomba", al final de la columna, el raquis) y el autodiagnóstico en Z (la bomba en su cuerpo). Sin embargo, al usar la frase "que le vapulearía los muslos" aparece un doble significado en el que se sugiere un acto sexual penetrativo donde Z funge de sujeto pasivo. Así, el cuerpo de Z no se caracteriza de modo tradicional sino que se enuncia como un cuerpo-prescripción, donde el discurso médico se escribe con suma eficacia: si el narrador enuncia la patología en el texto literario (y médico), el cuerpo *enfermo* de Z recibe, en el mismo texto, el diagnóstico *ipso facto* en su cuerpo. Metáfora del poder del lenguaje prescriptivo de la medicina. Que es similar al lenguaje prescriptivo del derecho.

Por esta construcción, da la impresión de que Z, el protagonista, es tan estudiante como paciente; tan sujeto como objeto. Todo personaje, narrativamente, es funcional. No obstante, todo apunta a que Z es un personaje *más* funcional de lo habitual, tanto que ni siquiera existe como *identidad*, como nombre, pues su denominación o descripción no interesan: de allí que sea la última letra del alfabeto. Las acciones de su cuerpo son escritas por los discursos de la normativa genitalista de la sexualidad que sanciona al paciente, sin buscar entenderlo. De esta manera, la enseñanza médica sobre la propia sexualidad no se realiza desde una retórica de la responsabilidad con el cuerpo sino desde el castigo que sentencia las incorrectas acciones, contrario a lo que ordenan los principios bioéticos contemporáneos (Cerruti Basso, 2003, pp. 74-76).

En esta línea, en ninguna de las enfermedades se apuntan en el relato la cura sino solamente el diagnóstico y los síntomas, añadiendo una idea de trágico final que se cimenta en la indiferencia sobre Z. De hecho, en ocasiones ni siquiera importa la enfermedad sino el juicio de la práctica que genera síntomas. Cuando se narra la patología de las vías urinarias que contrae el "amigo" Z no se titula a esta con el nombre de la enfermedad, como en el caso de las demás, sino que intercambia el nombre patológico con la frase "*CAPÍTULO DE LECTURA PROHIBIDA*". Al describir la causa de la enfermedad, la *etiología*, escribe "conocida pero inefable" (2000b, p. 49), es decir, que no puede ser descrita con palabras a pesar de saberse, cuestión que reaviva la noción nefanda colonial o aquella penalista del "amor que no osa decir su nombre" de Wilde.[36] Así, el silencio y la vergüenza se vuelven evidentes y parece que vuelven a la homosexualidad una enfermedad de enfermedades, que convoca a otras patologías por la *mala* actuación de la persona.

Solo hay un momento en el que se puede acceder la voz de Z, la cual, no obstante, se modula desde la narración heterosexual. Ocurre cuando se describe la enfermedad de las "VÁRICES". Entre comillas aparece la nerviosa y trastabillante voz de Z que relata la enfermedad como si estuviese explicando su sintomatología al médico o a su compañero estudiante de medicina o dando una respuesta a su profesor:

36. Es curioso señalar que Oscar Wilde en el juicio en su contra apeló al discurso médico diciendo que debía ser tratado por un médico y no por un juez, viendo así la concordancia de discursos que, sin embargo, enunciaban *su mal* de modo tácito.

> Úlceras varicosas, elefantiasis varicosa. "En habiendo dos causas promotoras de este terrible mal, las causas profesionales y las mecánicas, una de las dos, irremediablemente, debe haber operado sobre mi organismo. La prolongada posición vertical[...] mozos de hotel[...] ¿He dicho yo mozo de hotel? Pero debo sentarme ¿por qué estoy parado? Las ligas[...] ¿por qué me pongo las ligas?" (2000b, p. 49)

Parece así que el joven Z, que usaba ligas, que frecuentaba mozos y al que estereotípicamente se asociaba con el peligro de ser foco de las enfermedades venéreas, era una persona que transgredía con sus acciones el acto sexual reglado —el procreativo heterosexual— y a los géneros asignados —el binomio masculino/femenino—. De hecho, podría bien sido una persona travesti, género no binario o género fluido, bajo ciertas terminologías actuales. De cualquier forma era una subjetividad *anormal*.

Es importante analizar, no obstante, qué es lo que mata al joven Z, qué es lo que marca su destino como homosexual y cuál es el duelo que recibe por esa muerte. Para responder estas cuestiones, la metodología del estudio puede ser clave. Comenta C: "Mi amigo Z pudo estudiar la materia íntegra sobre sí mismo, progresivamente, a medida que su ojo hecho de tragedia se comía las páginas [...]. Aunque no era tuerto digo 'su ojo' porque es mejor decir 'su ojo' que 'sus ojos'" (2000b, p. 48). A pesar de que esta narración está abierta a interpretación, el ojo parece referirse al ano,[37] parte del cuerpo que ha tenido especial significación y que ha hecho que Leo Bersani hable del recto como la tumba del homosexual pues allí, en esa parte del cuerpo, zona de poco acceso en los actos procreativos, el hombre heterosexual celebraba el castigo del homosexual y hace un elogio a esa zona por su potencial para convocar a la muerte.[38] En ese agujero, que comunica al cuerpo individual y al so-

37. Recurso utilizado por Sade y Bataille, como menciona Martin Jay en su texto *Ojos abatidos* (2007).
38. Otros autores han trabajado la misma idea. Hocquenghem, Deleuze y Guattari o Preciado por mencionar tres casos.

cial, ocurre cierta vinculación entre el homosexual y la mujer promiscua a través de la fantasía heterosexista de patologización e impureza que reza que: "mujeres y hombres abren sus piernas con un incontrolable apetito por la destrucción" (Bersani, 2010, p. 18).

En América Latina, la medicina también se cebó contra esta parte del cuerpo, siendo el estudio de 1890 del médico cubano Luis Montané uno de los que más destaquen al concluir que: "así es, señores, que los signos clásicos de la pederastia pasiva, infundibu, relajamiento del esfínter y caída de los pliegues, dilatación del ano, se encuentra de un modo evidente en nuestros pederastas" (Montané, 2010, p. 66). Esta corriente, la antropología física, se socializará por toda América Latina hasta llegar a la época del higienismo, otra escuela que consideró al ano como abyecto y que permitía ver de cerca al cuerpo homosexual. Palacio, que cifra el tiempo del texto en el año 1925, dos años antes de su publicación, es depositario de todos estos discursos que expresan una narrativa del *ojo tuerto* que llama a la tragedia y que es el que destruye al cuerpo homosexual. De este modo, se culpabiliza al joven Z de su propia muerte, desconociendo los principios de bioética respecto al tratamiento y a la cura, pues en verdad hay complejos mandatos morales que son los que al final mueven a la medicina y delatan su carácter discursivo que mira a la homosexualidad como una patología que nave nodriza de otras patologías.

La homosexualidad y sus prácticas *indebidas* del ano, y de otras partes del cuerpo ligadas con la feminidad, la transgresión a la vida burguesa y conservadora desde el placer son el símbolo del no futuro. De allí que Z sea un joven, porque su vida no tiene porvenir ni derechos de salud, familia, ambiente sano o libertad sexual en el Estado heteropatriarcal ecuatoriano de la época. Z muere cuando un estetoscopio analiza su *mal*. No se sabe si es él mismo el que ausculta su cuerpo o es otra persona quien lo hace, pero antes de poder dar con su enfermedad, su mayor mal, la homosexualidad, el corazón le explota. Es interesante que el espacio donde la muerte ocurre sea descrito así: "Y he aquí el proceso criminal del sillón, los libros y el fonendoscopio, operantes sobre la desgracia de mi amigo" (Palacio, 2000, p. 50), pues se hace un guiño a la vinculación entre medicina y derecho para articular al homosexual, para acorralarlo desde un discurso vergonzante y para aniquilarlo por sus propias acciones que no tienen esperanza.

¿Qué sucede luego con el cuerpo de Z? Queda por averiguar, cuál es el duelo por su muerte, si al menos sin posibilidad de porvenir, tiene posibilidad de ser recordado en ausencia. En el cuento la voz narradora que personifica la Ciencia y sus ideologías, pero también los jóvenes que atestiguan la muerte de Z se lamentan, "Una lágrima (¿una lágrima? ¡Oh: así lo ponen en las coronas fúnebres) Una lágrima sobre los huesos de mi amigo" (Palacio, 2000 p. 50).

Este gesto ante la vida que ya no está, ante el cuerpo tendido, merece una reflexión. Judith Butler propone pensar la vulnerabilidad corporal para entender las formas de duelo que existen sobre las personas (2010). En la misma línea, Adriana Cavarero analiza etimológicamente la vulnerabilidad para entender cómo se construye la noción de vida, muerte y alteridad. Cavarero enuncia cómo la raíz *vulnus* literalmente significa piel desnuda, simbolizando la fragilidad de la piel en su contacto con el mundo, que obliga a la atención que otro cuerpo da a ese cuerpo que requiere cuidado (Cavarero, 2014). La teórica menciona que el significado de vulnerable en el imaginario occidental se relaciona con dos diferentes etimologías que se explican a través de imágenes. Una, la del/la/lx bebé sin ropa, absolutamente frágil, y su madre que lx recoge. Ante esa vulnerabilidad hay un gesto de acercamiento en la que los cuerpos se arropan mutuamente para brindarse apoyo y ternura. Así, la desnudez de una de las partes se corresponde al potencial de cuidado que tiene la otra. La segunda etimología, por el contrario, se vincula al espacio bélico, cuando dos guerreros cubiertos por sus armaduras se enfrentan y uno de ellos lanza un golpe violento, asestado desde el exterior con un arma cortante que rasga la piel. Esta etimología "convoca la violencia" (Cavarero, 2014, p. 25) y obliga a que una de las partes, de pie, se proclame vencedora y deje al otro cuerpo vulnerable, tendido en el suelo, en su posición de perdedor. Esta segunda etimología, la más usada por el patriarcado, articula una relación de verticalidad entre los cuerpos en la que se festeja la derrota del cuerpo vulnerable. Sostengo que esta segunda etimología puede ser perfectamente aplicada al eje semántico heterosexual/homosexual.

Volviendo a la historia de Z, el hombre heterosexual (los hombres heterosexuales en verdad) quedan parados de pie y el hombre homosexual tendido en el suelo. La armadura del uno es todo el sistema de patologías articulado para la vulneración de sus derechos, para vulnerabilizarlo al máximo. Los jóvenes A, B y C han vencido a la muerte por ser sujetos normales que ayudan a perpetuar esa normalidad a través del discurso jurídico y médico. Sus lágrimas son como las del guerrero, que en realidad no se duelen y en las que sin pena hay una sádica ironía. Por eso a la pregunta: "¿Una lágrima?" la respuesta es una forma mecanizada del ritual, "¡Oh! así lo ponen en las coronas fúnebres"; pues hay indiferencia y placer en la muerte homofóbica.

Esto me hace pensar que el método de articular la identidad de los personajes a partir del abecedario en el caso de A, B y C (a diferencia de Z que es para marcar su no importancia en el orden social) en su caso sirve como seguro anonimato para garantizar la impunidad del crimen de odio, convenientemente disfrazado de racionalidad médico-jurídica.

Expliqué en el inicio de este libro y en el Capítulo I cómo el sujeto nativo quedó atrapado por el libro de las crónicas coloniales. En el caso de las subjetividades sexo-disidentes (maricas, feminizadas, travestis, travestidas) también el libro de la ley y el de la medicina, en otro momento, pero con la misma impronta de poder, quiso atrapar su cuerpo, para evitar que tuviesen futuro. Así lxs jóvenes homosexuales latinoamericanxs, a inicios de siglo (y en determinados contextos hasta hoy) están presxs no solo por el discurso positivista médico-legal sino por la historia colonial que carga en sus tan analizadas y vapuleadas espaldas y que en una línea continua que va desde el silenciamiento colonial, pasando por la exotización viajera, llegando al higienismo latinoamericanista. La destrucción de la sodomía andina y el éxtasis de la retórica médico-legal de la homosexualidad se conectan, pues, de modos insospechados.

Termino con una reflexión en el espacio jurídico. Cuando se despenaliza la homosexualidad en Ecuador, en el tardío 1997, el entonces Tribunal Constitucional declara "es claro que si no debe ser una conducta jurídicamente punible, la protección de la familia y de los menores, exige que no sea una conducta socialmente exaltable" (Tribunal Constitucional, 1997), por lo que aparece la idea del villano homosexual que se opone a la niñez y juventud. La resolución, asimismo, declara respecto a la homosexualidad que: "la teoría médica se inclina por definir que se trata de una disfunción o hiperfunción del sistema endocrino, que determina que esta conducta *anormal* debe ser objeto de tratamiento médico, no tanto como enfermedad, antes que objeto de sanción penal" (1997, s.p, el énfasis es mío). Con esto, es posible entender que la anormalidad, discurso vinculado al derecho y a la medicina, en su etapa de cuestionamiento y descomposición sacó en el texto judicial argumentos que dan cuenta de su carácter ideológico; recordando la importancia de contaminar desde otras disciplinas los saberes que se declararon como objetivos para encontrar en ellos otras verdades.

2.2 Aniquilar al homosexual desde el expediente mental: Octavio Ramírez

El relato "Un hombre muerto a puntapiés" empieza cuando un narrador intrahomodiegético lee una noticia en el periódico, e inmediatamente decide realizar su propia indagación. La noticia relata cómo un celador de policía encontró en la calle a un hombre de apellido Ramírez, malherido por golpes y sangrando profusamente por la nariz. La agresión, relata la víctima, ocurre debido a que él les pidió un cigarrillo a unos desconocidos que reaccionaron agrediéndolo. Ramírez es conducido a la estación de policía y a pesar de que el celador le pide declarar lo sucedido para esclarecer los hechos él se niega "rotundamente". Poco después Ramírez muere, fruto de los golpes recibidos. El narrador, un hombre fascinado que opera como agente oficioso, *calco* de un Sherlock Holmes criollo, *descubre* a través de sus extrañas investigaciones que el asesinado era un "vicioso", un "pederasta".

Es importante entender de modo más profundo al narrador, el cual se describe a sí mismo como "un hombre que se interesa por la justicia" (Palacio, 2000a, p. 9). Él es histriónico y sádico; aún así, es más comprometido y creativo que el cuerpo de policía. Su figura, que realiza con ahínco las indagaciones periciales, sirve para parodiar la narrativa policíaca pero también para ayudar a comprender algunas de las ansiedades de control sobre el cuerpo que operaban en la época. Por ejemplo, cuando está en medio del esclarecimiento de los hechos nombra arbitrariamente a Ramírez después de ver su foto: "Se llamaba Octavio Ramírez (un hombre con una nariz así no podía llamarse de otra manera)" (2000, p. 10), por lo que la indagación delictiva se relaciona directamente al cuerpo, a su inspección lombrosiana que pulveriza el principio penal de inocencia a partir de la sospecha corporal.[39] También llega a la conclusión (sin pruebas reales) que se trata de alguien necesitado de dinero que tiene cuarenta y dos años, por lo que entendemos que en esta reconstrucción de los hechos hay una compleja trama ideológica.

Dentro de las acciones del protagonista me interesa resaltar el acercamiento que éste realiza con el comisario de policía para entender desde dónde se articula el poder y la vigilancia. El narrador al acercarse a la comisaría habla con la autoridad encargada del caso y mantiene un largo diálogo que comienza con la respuesta del comisario respecto al estado de la investigación:

39. El nombre Octavio otorgado a Ramírez no parece casual, menos si se considera que la nariz es el órgano fundamental que define la corporalidad del protagonista. Puede verse un paralelismo, por ejemplo, con el episodio legendario entre Octavio Augusto y Cleopatra, cuando ésta en un intento de política de persuasión nacional, lo seduce y es rechazada por su larga nariz, a pesar de que Octavio era conocido también por su nariz prominente. Cleopatra se suicida a sabiendas de que si su nariz hubiese sido más corta, quizás la Historia hubiera sido diferente. Esta *culpa nasal*, se evidencia en el texto como un símbolo que engloba, hábilmente, la perversión del cuerpo sexuado y la incontrolable necesidad de silenciarlo, similar, por ejemplo, a los dientes de la inmortal "Berenice".

¡Ah!, sí... El asunto ése de un tal Ramírez... Mire que ya nos habíamos desalentado... ¡Estaba tan oscura la cosa! Pero, tome asiento; por qué no se sienta señor... Como Ud. tal vez sepa ya, lo trajeron a eso de la una y después de unas dos horas falleció... el pobre. Se le hizo tomar dos fotografías, por un caso... algún deudo... ¿Es Ud. pariente del señor Ramírez? Le doy el pésame... mi más sincero...

—No señor —dije yo indignado—, ni siquiera le he conocido. Soy un hombre que se interesa por la justicia y nada más... [...] Ha dicho usted que tenía dos fotografías. Si pudiera verlas...

El digno funcionario tiró de un cajón de su escritorio y revolvió algunos papeles. Luego abrió otro y revolvió otros papeles. En un tercero, ya muy acalorado, encontró al fin. Y se portó muy culto.

—Usted se interesa por el asunto. Llévelas no más caballero... Eso sí, con cargo de devolución —me dijo, moviendo de arriba a abajo la cabeza al pronunciar las últimas palabras y enseñándome gozosamente sus dientes amarillos.

Agradecí infinitamente, guardándome las fotografías (2000, p. 9).

Tanto el lenguaje como el *modus operandi* del comisario pareciese que revela negligencia, indiferencia y corrupción, como clichés del Estado tercermundista, que rompen la idea del héroe policíaco de la literatura anglosajona. Al ceder pruebas, cuestión improcedente bajo los principios procesales penales, el funcionario de policía refleja cómo el ordenamiento jurídico kelseniano, trasplantado en territorio andino es, casi inevitablemente, un *desordenamiento,* por el carácter inestable que tiene la escritura y la autoridad en la zona. Sin embargo, lo que más me interesa es cómo entre los dos hombres se plantea una escena que habla de la masculinidad hegemónica y la función del derecho. Su diálogo es un pacto de caballeros, un discurso relacional de privilegiados y *normales* hombres heterosexuales, tanto así que el protagonista se enfada cuando se alude una posible cercanía familiar con el "vicioso" Ramírez. Eve Kosofsky Sedgwick ha definido la relación masculina basada en la homofobia y el mantenimiento de la inferioridad femenina como *homosocialidad* (1992), cuestión que podemos ver claramente en esta escena en la que narrador y policía, ciudadano y autoridad, pactan el tratamiento hacia el *anormal.* Hay una profunda simbología en esta transmisión de las pruebas judiciales, pues para controlar al *anormal* el endeble Estado necesita de una ciudadanía comprometida: hombres heterosexuales valientes, que deban examinar cuidadosamente los cuerpos para evitar la propagación social del "vicio". Si como Kate Millet señala, el patriarcado es una asociación política entre hombres (1995), podemos entender que aquí hay un ejercicio de patriarcado judicial, policial y social.

Con las pocas pruebas que tiene a disposición, el protagonista empieza la reconstrucción de los hechos que llevaron al asesinato del joven Ramírez. Es este el verdadero *cuento,* pues a través del "método inductivo [...] [ir] de lo menos conocido a lo más conocido" (Palacio, 2000, p. 28), el hombre normal reconstruye una trama de diagnóstico de la homosexualidad y de la destrucción del homosexual como pena.

Cuando el narrador reconstruye al sujeto asesinado analiza la fotografía obtenida del jefe de policía. Coloca un folio en blanco sobre la foto y empieza a calcar la figura de Ramírez. Este gesto, el de redibujar al cuerpo, saca la extrañeza y la ambigüedad sexual, simbolizada por la feminidad: "Tomé de nuevo la pluma y completé el busto, un magnífico busto que de ser de yeso figuraría sin desentono en alguna academia. Busto cuyo pecho tiene algo de mujer" (Palacio, 2000, p. 10).[40] Se articula así una poderosa metáfora sobre las formas en que la investigación jurídica rediseña al sujeto, reescribe sobre su piel, y encuentra quién es *de verdad,* en este caso desde la anormalidad. Adicional a esto, el narrador usa una descripción característica que podría bien ser de un dictamen de medicina legal o psiquiatría y que se inserta en el texto literario para corroborar la anormalidad del sujeto: "Había tenido desde pequeño una desviación de sus instintos, que lo depravaron en lo sucesivo" (Palacio, 2000, p. 11).

40. Cornejo Polar menciona respecto a esta cuestión "completar la figura de la víctima añadiendo un busto al rostro de la fotografía: es esta forma inventada con su connotación femenina, la que finalmente da origen al relato imaginario" (2003, p. 168), y con esto demuestra, nuevamente, cómo ciertos cuerpos "inventados" se quedan en el subtexto de la representación y por tanto del análisis.

Sin embargo, ese cuerpo afeminado y *anormal* no es solamente reprobable *per se* sino, sobre todo, por sus acciones perversas y delictivas. El narrador reconstruye, nuevamente, los hechos en su cabeza desde una inducción homofóbica. Descubre que Octavio Ramírez acosa sexualmente al obrero. Cuando toca el codo del hombre al que intenta seducir éste lo mira: "Ramírez intentó una sonrisa melosa de proxeneta hambrienta abandonada en el arroyo" (2000, p. 12). El obrero se ríe, insulta a Ramírez y se marcha. No obstante, es la descripción del homosexual lo importante. Ramírez es feminizado por segunda vez. Se recalca su carácter de ambigüedad de género, de situarse entre el hombre y la mujer, que, según Meri Torras, ha sido el mayor de los delitos del cuerpo (2008), al menos en occidente. Además, se percibe cómo Ramírez se liga a la prostitución, y por tanto a otras enfermedades adicionales a la patología de la homosexualidad, lo vuelven todavía más abyecto.

En este sentido, y respecto a esta reconstrucción de los hechos que hace el narrador, él se imagina a Ramírez como extranjero. Esta caracterización no es casual. Oscar Montero comenta que los jóvenes Estados latinoamericanos a finales del siglo XIX e inicios del XX "sugerían que la prostitución y la homosexualidad eran vicios europeos que habían contaminado [...] las aspiraciones nacionales" (1995, p. 104), cuestión que refleja políticas higienistas y de penalización de la homosexualidad visibles en este cuento sobre el cuerpo de Ramírez.

Después de ese acoso al obrero, personaje símbolo de las luchas de la época, y reflejado en la literatura del realismo social, se reconstruye el momento de la infracción mayor: el acoso a un joven. El narrador imagina cómo Ramírez toca y abraza contra su voluntad al muchacho. Es aquí que volvemos a Edelman, al análisis del homosexual como símbolo del no futuro y al joven como el tropo del futuro de la sociedad. A través de esta representación, además, el homosexual es sinónimo de pederasta, lo cual dramatiza más la cuestión. En este momento de violencia contra el cuerpo del joven, el joven grita: "¡Papá! ¡Papá!" (Palacio, 2000, p. 11) y se descubre que el padre era el obrero, acosado minutos antes. El ciudadano comprometido castiga al enfermo, al delincuente, al *anormal* dando un puntapié en la nariz de Ramírez. A través de la metonimia se establece oposición entre dos órganos: la nariz y el pie, el delicado olfato y el fuerte caminar, que definen la relación textual. La masacre del cuerpo de Ramírez es descrita precisamente en la oposición de ambos órganos:

> Epaminondas, así debió llamarse el obrero, al ver en tierra a aquel pícaro, consideró que era muy poco castigo un puntapié, y le propinó dos más, espléndidos y maravillosos en el género, sobre la larga nariz que le provocaba como una salchicha.
>
> ¡Cómo debieron sonar esos maravillosos puntapiés! Como el aplastarse de una naranja, arrojada vigorosamente sobre un muro; como el caer de un paraguas cuyas varillas chocan estremeciéndose; ¡o mejor, como el encuentro de otra recia suelo de zapato contra otra nariz! (2000a, p. 13)

Esta muerte salvaje y en la que se vincula la pulsión del deseo —antecesora de otro crimen textual similar en un cuerpo trans, el de la Manuela de *Un lugar sin límites* de Donoso— es el método de castigo que se utiliza para restaurar el ordenamiento quebrantado por parte de la infracción pederasta que, precisamente, en uno de sus incisos, era la norma utilizada para sancionar los actos homosexuales en el Ecuador hasta el año de 1997. Este exterminio del homosexual es placentero ("esos maravillosos puntapiés") y ensambla un ritual de violencia masculino que se presenta habitual o en todo caso repetido ("el encuentro de otra recia suelo de zapato contra otra nariz"). De hecho, los puntapiés nunca son descritos como parte de la muerte de Ramírez en ninguna de las pruebas; se sabe que él fue agredido y nada más. Los puntapiés en la nariz son la forma elegida por el narrador para terminar con el cuerpo *anormal*.

Hay, sin embargo, dos detalles interesantes en este relato de celebración de muerte del homosexual que quiero señalar porque realizan una crítica a la violencia con que opera la sociedad y los discursos médico-jurídicos.

El primero, que el narrador utiliza intertextualmente el nombre Epaminondas, general tebano proto-homosexual, para nombrar al héroe homofóbico. La muerte, entonces, no parece originada sólo por la defensa de la familia sino por el deseo homoerótico reprimido. Así, el héroe tradicional del patriarcado se desenmascara como villano, transfiriendo de responsabilidad al padre-obrero, no por su "desviado" deseo sexual sino por no poder asumirlo en él o en otrxs (igual que Pancho Vega en *El lugar sin límites*).

El segundo, que hay una reflexión, de carambola, sobre el carácter colonial de la construcción homosexual. El cuento siguiente a "Un hombre muerto a puntapiés" en el libro de Palacio es "El antropófago". En este relato vuelve a aparecer el narrador de "Un hombre muerto a puntapiés" en un interesante ejercicio intratextual. Cuando relata la historia de un hombre que se come a su hija, el narrador relata: "No quiero que ningún malintencionado diga después que soy yo pariente de mi defendido, como ya me lo dijo un Comisario a propósito de aquel asunto de Octavio Ramírez" (Palacio, 2000c, p. 16). Este investigador, agente oficioso, símbolo de la normalidad, vuelve a aclarar que no está vinculado al difunto Ramírez, ratificando el *pánico homosexual* que tan elocuentemente ha descrito Sedgwick (2007, pp. 19-33). Este hermanamiento de textos no deja de revestir una importancia fundamental pues también junta subjetividades. El caníbal y el sodomita, tropos sobre los habitantes originarios que, como comenté, fueron juntados por la mirada conquistadora para justificar un violento extermino. Más adelante, en el cuento de Palacio vuelven a encontrarse estos términos genealógicamente emparentados: "Eso de ser antropófago es como ser fumador, o pederasta, o sabio. Pero los jueces lo van a condenar irremediablemente, sin hacerse estas consideraciones" (Palacio, 2000c, p. 15). Estas definiciones, que además se juntan a una crítica a la práctica judicial, proyectan no tanto la conciencia del autor respecto al examen historiográfico sodomita, sino más bien cómo la mecánica del disciplinamiento corporal puede aflorar a través de ciertos personajes extraños, emparentados por su carácter abyecto e impuro, cuando se encuentran con ese deseo de cifrar lo *anormal*.

De todas formas, en este absurdo relato que llama a repensar el delito de homosexualidad y a reformular el propio Estado bajo el ingenioso aparataje estético de Palacio, no deja de estar presente la noción de un cuerpo enfermo/delictivo que se usa y castiga por su anormalidad. La sodomía en Ecuador se tipificó en el Código Penal de 1871 y cambió en el de 1938 por el delito de homosexualidad (con penas de 4 a 8 años en ambos cuerpos legales), siendo derogado solo en el año de 1997. Por tanto, esos casi 60 años de tipicidad, en la época de la escritura del cuento, reflejan una genealogía larga que en la zona andina proyecta el valor de ciertas vidas más que de otras, que, como la de Ramírez, tienen que ser representadas desde la profunda abyección. Y que, solamente hoy en día, gracias a los réditos políticos, teóricos y jurídicos de la emancipación sexodisidente desde el activismo, los derechos humanos y la academia, podemos releer de modo distinto.

Esta relectura de "Un hombre muerto a puntapiés" y de "Relato de la muy sensible desgracia acaecida en la persona del joven Z" debe denunciar formas de violencia homo/transfóbica. En las acciones de los narradores de reír y de llorar de modo irónico, casi sádico, por el regocijo de estar de pie mientras el otro, el desviado, está acostado recibiendo patadas en la calle o retorciéndose en el quirófano, se construye un destino violento sobre los cuerpos anormales, vulnerables, desnudos, listos para el ataque vehemente que se escribe primero en la ley, luego en el manual médico y finalmente en la piel y en los tejidos.

De este modo, es clave criticar la focalización intrahomodiegética que se autoriza a sí misma, que desplaza su lugar hacía dos sitios ubicados en espacios muy altos de la cosmovisión occidental: el derecho y la medicina, en tanto que discursos conformadores de la subjetividad y del disciplinamiento corporal. Ambas miradas construyen varios imperativos de género, y por ende, sexualizan desde las alturas del texto a ciertos personajes.

También es preciso criticar que en el texto se explicitan una serie de mecanismos en los que el compadrazgo de la ley, la sociedad civil y el sujeto se explicitan. Por ejemplo, cuando la medicina, la universidad y el estudiante, en un reparto cordial del poder que funciona *armónicamente,* como un aparato legal, disciplinan al cuerpo *anormal* a partir de las acciones que, por minutos, transgreden al ordenamiento jurídico, pero que a través de la ley y la medicina vuelven al cuerpo transgresor al cause del sistema.

Y, finalmente, en esta relectura, además de leer críticamente a aquellxs que no supieron resaltar la violencia homofóbica del texto, hay que celebrar a esos cuerpos avergonzados por los narradores del texto literario. Subrayar que el joven Z experimentó airadamente con su cuerpo, a pesar de los riesgos que la sociedad y el discurso médico-legal planteó para su cuerpo. O celebrar que la pederastia de Ramírez se dirige no contra un joven sino contra la idea de futuro cisheterocentrado que ese imaginado joven plantea. Recuerdo de que fueron personas sexodisidentes: transgéneros, transexuales, travestis y maricas, quienes décadas después lucharon con sus cuerpos para cambiar esta narración legal, médica y literaria sobre el *no futuro* homosexual.

3. SIDA Y ENFERMEDAD: BUSCAR UN FUTURO ANTE LA DISTOPÍA DEL CUERPO MARICA LATINOAMERICANO

Desde hace aproximadamente cinco décadas, las identidades gays, erigidas en el contexto del capitalismo estadounidense y en un contexto de profundo activismo (D'Emilio, 1992), han logrado realizar reclamos políticos, culturales, económicos y jurídicos en buena parte del mundo occidental. La palabra gay, que en inglés literalmente significa *feliz* o *festivo,* ha reactualizado a otras tantas: pederasta, sodomita, nefando, uranista y aquella que acabamos de analizar, homosexual. Aquel significante, inicialmente definitorio de homosexuales hombres y mujeres, poco a poco se convirtió en un ropaje identitario masculino que buscaba dar abrigo político a ciertos cuerpos, por esa intemperie de derechos que acabé de analizar en el acápite anterior.

En lo jurídico, y de la mano de esta reivindicación de otros colectivos de lesbianas, transgéneros, bisexuales y transexuales, se dieron algunos avances respecto a las subjetividades gays, especialmente en temas de despenalización de la homosexualidad, vinculada a la despatologización. El legado de la *anormalidad* formado por la coalición ideológica decimonónica entre derecho y medicina sufrió un revés importante, cuando asociaciones médicas y psiquiátricas, retiraron a la homosexualidad de su lista de enfermedades. Así, gracias a la despenalización, se empezaron a reclamar derechos tales como el de igualdad y la no discriminación, identidad, libertad sexual, vida en un ambiente sano, el de libertad o, incluso, a formar una familia, que sigue siendo uno de los más complejos en los regímenes cisheterocentrados. El porvenir gay ayudó a repensar la idea de futuro aunque no exento de problemas. Poco a poco esta identidad empezó a mostrar que se articuló desde ideales blancos, masculinistas, capitalistas y occidentales, por lo que empezó a recibir críticas y actualización. De todas formas, la posibilidad de pensar el presente, desde una suerte de *carpe diem* erótico y basado en el consumo, cambió parte de la historia de fatalidad sodomita y homosexual.

Cuando la palabra gay llega a América Latina hay una contradicción, pues aunque lo gay tenga, como cualquier concepto, un potencial de apropiación y resignificación —o, para el discurso de la región, de transculturación (Díaz Ruiz, 2010)— demostró sus incongruencias, especialmente por su genealogía del Norte, que expone las incapacidades del término para significar las diversas señas identitarias de los cuerpos latinoamericanos. No en vano, ciertas autorías ejemplares de las disidencias sexuales, en las letras *loca-les* del siglo pasado, esgrimían frases, hoy ya emblemáticas, como: "lo gay es blanco" (Lemebel, 2000, p. 71) o "los gays a la moda norteamericana" (Perlongher, 1997, p. 88), que ratifican esa desconfianza generada por un discurso y una identidad gay, tan convocante como excluyente, que al llegar a la región reactiva discursos de la modernidad, y su intrínseco proyecto de "colonialidad del ser" (Maldonado Torres, 2007). Es decir, que sin negar que la palabra gay planteó un desvío respecto a las identidades sodomita y homosexual para vislumbrar un futuro diferente, trajo también una serie de retos e incongruencias en los cuerpos otrora sodomitas o gays en la región que deben ser analizados.

Sea como sea, esa festividad gay, con ese horizonte de contradictorias posibilidades, terminó, al menos durante algunos años, con la llegada del VIH/sida. La pandemia previa al COVID19, enfermedad ligada al viaje y al contacto sexual, atacó al cuerpo seropositivo de modo global y desde tres vías: la enfermedad devastadora, la cura experimental, y la estigmatización sufrida por los grupos de riesgo (homosexuales, heroinómanxs, hemofícilxs, haitianxs y trabajadorxs sexuales); esto último parecía indicar que la enfermedad tenía la capacidad de "matar selectivamente" (Cantwell, 1995, p. 17). Respecto a esto Susan Sontag comenta cómo la mirada conservadora veía al síndrome como metáfora "de una calamidad que uno mismo se ha buscado [...] debida no solo al exceso sexual sino a la perversión sexual" (2008, p. 130). Las personas sexodiversas y sexodisidentes, más aún si se añadían intersecciones raciales, migratorias, etc., sufrieron viejas/nuevas formas de discriminación que aparecieron, también desde la medicina y el derecho. De hecho, comunidades enteras de personas gays, bisexuales, trans se vieron mermadas y sin posibilidad al duelo, por el pánico y la desinformación que se regaron en la etapa del VIH/sida, especialmente desde grupos conservadores que reavivaron el fuego antisodomita y la norma médico-legal heterocentrada. Es allí que una nueva subjetivación más crítica emerge, la *queer* (insulto que puede traducirse como marica o tortillera pero que define diferentes rarezas sexo-genéricas) como modo de politización ya no solo desde la felicidad capitalista sino desde el entendimiento de la vida social. Las comunidades *queer* denunciaron cómo la muerte indigna de las personas que eran parte de los "grupos de riesgo", se debió en gran medida a la indiferencia e indolencia de gobernantes, colectivos conservadores, medios de comunicación e incluso profesionales de la medicina, que difundieron campañas de miedo y desinformación sobre la enfermedad. De este modo, una mirada bioética se esfumó (otra vez) respecto al cuidado marica o trans.

Ante ese nuevo desamparo de la ley, provocado por la irrupción del VIH/sida, que atacaba con más agresividad que antes el futuro a las personas sexodiversas y sexodisidentes, formas-otras de cuidado se gestaron en ciertas comunidades para resistir. Es precisamente en estas complejas formas en las que vida y muerte se vinculan que me centro en esta parte del texto, no para hablar solamente de la indiferencia respecto a la muerte seropositiva, sino para pensar en formas de afianzar algo de dignidad en el cuerpo y deseo de un mínimo porvenir.

Para José Esteban Muñoz lo *queer*, lo sexodisidente, "trata primordialmente sobre futuridad y esperanza [...] mi argumento por tanto se interesa en criticar la certeza ontológica que entiendo se vincula a políticas presentistas y pragmáticas de la identidad gay" (2009, p. 11). De este modo, el autor, que vive en Estados Unidos pero que es latino y racializado, intenta pensar que el argumento de Edelman se olvida de la potencialidad de la relación que establecen cuerpos otrora sodomitas para pensar el devenir desde la vinculación corporal.

En este acápite busco analizar cómo la vida marica latinoamericana fue afectada por el VIH/sida de una forma especialmente violenta. Mi reflexión intenta pensar cómo aparecieron deseos pasados/presentes de aniquilar al sodomita/homosexual/gay pero también particulares y contradictorias resistencias. Para ello reflexiono desde la bioética, disciplina amplia fundamental para el derecho que "sirve para tender un puente entre dos culturas, la cultura científica y las Humanidades. Sería también un puente entre el presente y el futuro" (López de la Vieja, 2008, p. 24). No obstante, mi reflexión se hace desde una bioética con perspectiva de género que intenta "abogar por otro tipo de autonomía, de justicia y, en fin, de análisis bioético que deje participación a la ciudadanía" (2008, p. 190) para, al final del día, ver como los derechos de vida y muerte, de presente y futuro, operan sobre el cuerpo sexodisidente en América Latina.

Para tal efecto, me centraré en la obra *El desbarrancadero* de Fernando Vallejo pensando en las escrituras del cuidado, como propuesta para pensar cómo ante la nueva/vieja anormalidad que medicina y derecho articularon, la literatura buscó formas para lidiar con la aniquilación, la muerte, el estigma.

4. EL CUIDADO DE UNX MISMX, AYER Y HOY. ESCRITURAS DEL YO (SEROPOSITIVO) Y LAS BÚSQUEDAS DESCOLONIZADORAS DEL CUERPO

En el año de 1981 se publicaba el libro *Tecnologías del yo*, escrito por Michel Foucault. Este texto teórico contiene una propuesta no abordada en sus obras pasadas (cuestión percibida por la crítica)[41]. A pesar de que sigue manteniendo un aparataje genealógico y de crítica discursiva, el autor indaga sobre el "cuidado de uno mismo", principio filosófico alguna vez practicado en Occidente pero que fue cambiado por otro fundamento rector: el "conocimiento de uno mismo", que, a breves rasgos, posibilitó un mayor disciplinamiento del cuerpo. El postulado del cuidado, bastante novedoso en el acervo de producción foucaultiano, al menos hasta sus últimos años de producción, es el que me parece que puede servir para repensar al cuerpo homosexual y gay seropositivo, y de ahí la necesidad de recapitular las ideas y prácticas principales que diferencian al conocimiento del cuidado.

El primer modelo, el del autoconocimiento, inaugurado en Grecia pero cimentado con la cristiandad y continuado por la modernidad, propone que "cada persona tiene el derecho de saber quién es, esto es, de intentar saber qué es lo que está pasando dentro de sí, de admitir las faltas, reconocer las tentaciones, localizar los deseos" (Foucault, 2012, p. 81). El conocerse a unx mismx, vinculado a la confesión, se relaciona a una paradójica estructura basada en la expiación de los pecados de la carne. A la vez que se condena un determinado comportamiento se le

41. Aunque el propio Foucault en una entrevista de 1984, ante la interrogación sobre el giro de timón de sus investigaciones, mencionaba lo siguiente: "En realidad ese [el cuidado del yo] fue siempre mi problema, incluso si he formulado de un modo un poco distinto el marco de esta reflexión" (Fornet-Betancourt, R, Becker, H. y Gómez-Muller, A, 2009, p. 11). Un resumen interesante y detallado de ese cambio en el curso investigativo aparece en el capítulo cinco del libro *Subjectivity & Truth: Foucault, Education, and the Culture of Self* (Besley y Peters, 2007, pp. 89-92).

impone al sujeto que ha configurado la falta, el deber de testificar sobre sus acciones para reordenarse a sí mismx. Esto establece "una historia de las relaciones entre la obligación de decir la verdad y las prohibiciones de la sexualidad" (2012, p. 46). Este autoconocimiento será (sigue siendo, de hecho) la base de la filosofía, que permite entender la realidad desde el conocer y entenderse a unx mismx para poder conocer la realidad.

Esto se contrasta con cierta visión greco-romana[42], que antes que el conocimiento prefiere el cuidado de unx mismx y: "se refiere a un estado político y erótico activo [...] Incluye varias cosas: el preocuparse de sus posesiones y de su salud. Siempre es una actividad real y no sólo una actitud" (2012, p. 58). En esta propuesta que se aleja de la confesión y la expiación, una de las puestas en práctica más significativas tiene que ver con el fenómeno comunicativo literario, es decir con los procesos de lectura y escritura que posibilitan otra forma de auto-indagación:

> Una de las características más importantes de este cuidado implicaba tomar notas sobre sí mismo, que debían ser releídas, escribir tratados o cartas a los amigos para ayudarles, y llevar cuadernos con el fin de reactivar para sí mismo las verdades que uno necesitaba [...] el sí mismo es algo de lo cual hay que escribir, tema u objeto (sujeto) de la actividad literaria (2012, p. 62).

Encuentro en el argumento de Foucault un ánimo de cuestionar el paradigma filosófico del conocimiento, el cual intenta aprehender la realidad desde una búsqueda que la persona realiza y luego contrasta con una verdad de más autoridad. Al construir ese conocimiento, la persona luego debe enunciar lo descubierto amplificadamente para seguir construyendo una red de sentido de la verdad. El del cuidado es un ejercicio más sigiloso que rescata la meticulosidad en la indagación de las propias verdades, y en el que se buscan perímetros más íntimos que

42. Que el autor cifra antes y después de Platón y que, posteriormente, será reemplazada en Roma con la oficialización de la religión católica (Foucault, 2012, p. 60).

permiten que los textos se lean y se escriban con menos arrogancia, posibilitando formas distintas de subjetivación, los cuales no se basan en una exposición veraz y normada del yo. Me parece que intercambiar el "conocimiento" por el "cuidado", al menos para pensar(se) y mostrar(se) a unx mismx, asume el carácter vulnerable de todos los seres humanos que, en determinadas circunstancias, obliga a un conocimiento menos grandilocuente y más arropado.

Inevitablemente, estas reflexiones salpican al propio Foucault, autor y cuerpo, quien, al menos desde una perspectiva histórica, escribe *Tecnologías del yo* cuando empiezan las sospechas de una seropositividad, nunca dicha públicamente.[43] Son los años más duros del VIH/sida y aunque sea un teórico racional, Michel Foucault es ante todo un cuerpo, también desnudo y desprotegido por las normativas respecto a la sexualidad que tanto estudió. Esto da pie a sospechar que el cambio en su investigación (que en realidad yo veo como una continuación pero desde otra realidad), que me permitía subrayar al inicio de este acápite, puede ser interpretado como una necesidad de ensamblar nuevas ideas sobre la respuesta del sujeto patologizado, sin tener que ejercer la "confesión" de la seropositividad (que bajo la lógica presentada, sería un nuevo acto público de *conocerse* a unx mismx). Este escondite subjetivo en la escritura, que sin embargo ataca los significados hegemónicos y estructurales que buscan delinear al sujeto, permite entender la profunda estigmatización de la época; y también la búsqueda de resistir en esos duros años de la enfermedad. Es decir, el autor articula una estrategia

43. Esto, en base a la fecha de escritura y publicación de esta y otras obras como *La hermenéutica del sujeto*. Aunque ha habido un debate profundo y no concluyente respecto a si Foucault sabía que era seropositivo antes de su viaje en 1980 a Estados Unidos, sería muy difícil negar una posible infección del sida ligada a esta parte final de su investigación, en la que el autor francés vuelve al pensamiento greco-romano, tal como concluye James Miller en base a la entrevista al antiguo compañero sentimental de Foucault, y confidente en esos años, Daniel Lefert (Miller, 1993, p. 380).

para que el cuerpo reescriba sus gestas, cambiando la idea de la muerte del homosexual debido a su propia promiscuidad, hacia entender cómo lidiar con formas no reproductivas y centradas en el placer, y hacer que el derecho, como mecanismo de protección, se involucre en ellas.

Aunque interesante, productiva y central para este capítulo, sin embargo, me parece que la matriz del cuidado de sí, propuesta por Foucault, debe entenderse como una aspiración con algunas limitaciones, pues su pensamiento proviene de genealogías que siguen basando a la subjetividad en el paradigma occidental de lectura y de escritura individualizado que, aunque él quiere combatir, también replica. Es importante, por tanto, analizar dos cuestiones para actualizar y loca-lizar este concepto en América Latina. La primera, la del entendimiento del cuidado como un entramado discursivo; y la segunda, la focalización en ciertas propuestas de escritura/lectura latinoamericanas respecto al cuerpo.

Respecto a lo primero, desde ciertos feminismos latinoamericanos que en los últimos años han gestado un discurso posicionado respecto al cuidado, se ha entendido esta realidad dentro de una matriz histórica que ha afectado, por ejemplo, a los cuerpos de las mujeres del Tercer Mundo.[44] Aunque el cuidado es un fenómeno multidimensional que involucra a varias personas e instituciones, y que desde una perspectiva feminista de la diferencia busca romper con roles establecidos, en las pasadas décadas de neoliberalización que vivió el continente, se evidenció, nuevamente, el cuidado obligado y no remunerado que debían hacer las mujeres en el espacio privado, no sólo en sus países

44. En el año 2009, fui entrevistador e informante en Barcelona del proyecto *Migraciones profesionales, oportunidades para el desarrollo compartido* (OMS) en el que pude dar fe de cómo una serie de personas del personal sanitario de países sudamericanos migraron a España por la oferta de una mejor vida en España, lo cual desarticuló buena parte del sistema sanitario en sus países de origen. En el caso del personal de enfermería, que son quienes proveen buena parte del cuidado en el sistema médico, casi todas las entrevistadas eran mujeres.

sino en aquellos del Primer Mundo, que al necesitar mano de obra dedicada a la atención de ciertos de sus ciudadanos, posibilitó la reactivación de una serie de rutas coloniales por donde han debido migrar las mujeres; y, en suma, ha debido migrar el cuidado.[45] En este sentido, subraya Alba Carosio, "se han generado arquitecturas no sólo para la sobrevivencia de sus hogares [de las mujeres] sino para la sobrevivencia de los gobiernos de donde ellas vienen y hacia los que envían sus remesas" (2009, p. 239), cuestión que obliga a ubicar al cuidado en un tiempo y en un espacio; a ver qué cuerpos deben lidiar con el cuidado en determinadas condiciones.

La segunda cuestión, tiene que ver con ciertas formas-otras del cuidado, que no miden su valor desde una dimensión mercantil y que, como proponía Foucault, entablan metodologías comunicativas diversas a las del proyecto cristiano-moderno. El feminismo comunitario aymara de Bolivia, a través de las propuestas de la Comunidad Mujeres Creando, se funda en un principio: "nosotras partimos de la comunidad como principio incluyente que cuida la vida" (Comunidad Mujeres Creando, 2010, p. 8)[46]. Para ello, este feminismo, que basa su accionar en experiencias corporales compartidas, propone:

45. Aún faltan estudios sobre cómo las comunidades seropositivas afrontaron este cuidado e, incluso, sobre cómo ciertos cuerpos sexuados y feminizados han realizado varias labores de cuidado. Sin embargo, me parece que el planteamiento desde el feminismo latinoamericano es esencial para pensar estos flujos migratorios.
46. He reemplazado el nombre de "Julieta Paredes" por el de "Comunidad Mujeres Creando" dado que, de acuerdo a Paredes y a este colectivo, la autoría es comunitaria. Mildred Escobar, en una entrevista realizada a todo el colectivo dice: "Julieta escribe con nosotras. Nuestro aporte más grande son las ideas que ella escribe y que tienen una autoría comunitaria. Sin embargo, es un desafío que tenemos el de escribir en conjunto" (Falconí Trávez, 2015, p. 193). Tomamos esta decisión en conjunto con Ochy Curiel en otro texto, y hoy replico esta decisión en este escrito, pues los episodios de violencia en los que Paredes está acusada obligan a tomar un posicionamiento crítico y

> Para descolonizar el concepto y el sentimiento del cuerpo, hay que descolonizarnos de esa concepción escindida y esquizofrénica del alma por un lado y el cuerpo por otro; es lo que ha planteado la colonia [sic]. Nosotras partimos del cuerpo como una integralidad de corporeidad, que comprende desde la biogenética hasta la energética, desde la afectividad pasando por la sensibilidad, los sentimientos, el erotismo, la espiritualidad, la sensualidad llegando hasta la creatividad. Nuestros cuerpos que quieren comer bien, estar sanos, que gustan de las caricias y les duelen los golpes, nuestros cuerpos que quieren tener tiempo para conocer y hacer teorías, queremos desde nosotras nombrar las cosas con el sonido de nuestra propia voz (2010, p. 12).

El postulado de comprender al cuidado corporal más allá de su valor mercantil ha servido a las mujeres aymaras, en su propia diversidad, para lidiar con las heridas (incluso enfermedades)[47] creadas por el heteropatriarcado y la colonialidad. En el fragmento citado, además, la escritura desde la voz narrativa del "nosotras" permite articular una escritura conjunta (Falconí Trávez, 2015) que descoloca la idea del autor occidental, un sujeto individual que cumple una función en el lenguaje y en la sociedad (que, valga mencionar, el propio Foucault explicó de modo asertivo [1998]). Así, "el cuidado de nosotras mismas" basado en un intercambio textual diverso (que no solamente se ciñe a la escritura tradicional, y que en el caso del feminismo comunitario boliviano se presenta a través del grafiti, el audiolibro o los varios ensayos de autoría conjunta de este grupo contracultural) organiza los cuerpos de modo particular y permite entender que en ciertos sujetos y comunidades de América Latina, el cuidado es un proyecto ligado a la decolonialidad y a otras formas de empoderamiento.

estratégico para proteger las valiosas ideas del feminismo comunitario, a menudo asociadas a su autoría. Al menos hasta que la situación se aclare y se repare. Esta misma estrategia se aplica en el capítulo IV cuando hablaré de los testimonios sexodisidentes nativos en los que aparece nuevamente la Comunidad Mujeres Creando.

47. La elevada mortandad infantil de las niñas indígenas, por poner un ejemplo.

De este modo, y para resumir lo presentado hasta aquí, Foucault busca regresar al paradigma del cuidado, como práctica resistente a la vez que balsámica que se expresa en íntimas formas escriturales y en un cambio del motor filosófico; las feministas latinoamericanas proponen pensar el cuidado de modo histórico y atento a ciertas rutas coloniales e imposiciones sexo-genéricas de los cuerpos; y el feminismo comunitario aymara es ejemplo, y no sólo posibilidad nostálgica, de otra episteme vital, resistente y escritural que articula nuevas subjetividades basadas en el cuidado. Es desde este vértice entre cuidado propio, discursividad del cuidado y decolonización del cuidado desde donde, me parece, que hoy en día es necesario reflexionar respecto al cuerpo patologizado/doliente que vivió y vive con VIH/sida y su relación con la enfermedad.

Sin embargo, y aterrizando específicamente en el tema de análisis, en los años 90, las comunidades seropositivas latinoamericanas no tuvieron el privilegio del sosiego que, por lo general, se necesita para realizar el análisis que yo pretendo dibujar en estas líneas. Sus respuestas, complejas y diversas, estuvieron marcadas por la coyuntura de la supervivencia, por resistir al sida, como virus y como metáfora social que afectaba al cuerpo (Sontag, 2008); y por la vida gay marcada por una compleja mezcla de placer y consumo. La imposibilidad de tener distancia crítica consigo mismas, incluso, creó en dichas comunidades una serie de exclusiones con otros grupos seropositivos que, de antemano, ya estaban históricamente excluidos (Meruane, 2012, p. 95). Además, lejanas a ese imaginario hegemónico de organización política estadounidense, que devino en las políticas y la teoría *queer* desde los colectivos ACT UP y Queer Nation, las comunidades latinoamericanas articularon relatos de cuidado y resistencia que no han sido tradicionalmente parte de la narración global sobre el sida y que, solo desde hace años recientes, gracias a estudios especializados, así como acciones activistas y artísticas de revisión de archivo, han revalorizado sus alcances y sentidos para la región.

Mi propuesta de lectura del cuerpo seropositivo en *El desbarrancadero* del novelista colombiano Fernando Vallejo se alinea con este deseo contra-genealógico, aunque con conciencia de las varias limitaciones y contradicciones de un análisis que se basa en las escurridizas escrituras del yo y la compleja matriz del cuidado. Busco rescatar ciertas formas de denuncia contracultural y, sobre todo, de cuidado, que más que reintegrar al cuerpo lo des/integraban, para darle nuevos significados en su dimensión individual y social de resistencia que articula la bioética. Es esta reflexión que, siguiendo la propuesta de Victoria Camps, pasa de un paradigma tradicional de "la lucha por la vida" hacia aquel de "la voluntad de vivir [que] puede considerarse, en definitiva, el motivo de la bioética" (2012, p. 18), el que intentaré subrayar.

4.1 Nuevos "anales" familiares del "cuidado descuidado": repensar el *ius sanguinis* y las nuevas formas de serodiscordancia en *El desbarrancadero*

La novela *El desbarrancadero* del colombiano/mexicano Fernando Vallejo, es un caso de literatura del yo, que desde la plantilla autoficcional, presenta formas particulares de reinscribir al cuerpo seropositivo a través del texto, especialmente gracias a la noción de cuidado de uno mismo que he presentado en líneas anteriores y por la construcción particular del gay en la región latinoamericana.

En la novela, Fernando, icónico avatar del autor,[48] aparece, no para narrar la enfermedad en la propia piel, sino para dar cuenta de cómo su hermano Darío sobrevive al sida en Medellín, a finales del siglo XX.

48. Fernando transita intertextualmente otros textos como *La Virgen de los sicarios* (1994), *La Rambla paralela* (2002), *Mi hermano el alcalde* (2003) o las cinco novelas que componen *El río del tiempo* (publicada en un solo volumen en 1991).

Es este narrador intrahomodiegético, viajero como pocos en la tradición latinoamericana del siglo pasado, que regresa a su odiada/amada Colombia para cuidar a su hermano y para dar testimonio[49] de su enfermedad:

> Volví cuando me avisaron que Darío, mi hermano, el primero de la infinidad que tuve, se estaba muriendo, no se sabía de qué. De esa enfermedad, hombre, de maricas que es la moda, del modelito que hoy se estila y que los pone a andar por las calles como cadáveres (2007, p. 8).

En este fragmento de la novela empieza a delinearse, justamente, ese cuerpo (esos cuerpos) que se descomponen con la enfermedad[50], retratando cómo la identidad gay no era suficiente para lidiar con la dureza de la vida *anormal,* ni restaurar una vida familiar deshilachada a punto de romper cualquier tejido de cuidado. La relación entre cuerpo individual —el de Darío— se presenta, así, como reflejo del cuerpo social —Colombia— delimitando un campo seropositivo donde el cuerpo homosexual y el gay se encuentran.

49. Aunque en este caso, en realidad, no hay un testimonio, al menos pensado de modo tradicional, como una narración de una persona que sobrevive a unos acontecimientos y que a través del relato de una persona engloba las experiencias colectivas de muchas otras personas otrxs. Me parece que debe pensarse más bien como género híbrido en el que la autoficción incorpora ciertos elementos testimoniales.
50. Este fragmento de la novela analizada que pongo a continuación resume, de alguna forma, ese cuerpo lastimado, *in extremis,* por la enfermedad. "Mientras Darío se perdía en el vacío me ponía a repasar la lista de sus posibles males: histoplasmosis, toxoplasmosis, criptosporidiosis, criptococosis, coccidioidomicosis, blastomicosis, aspergilosis, encefalitis, candidiasis, isosporidiasis, leucoplaquia... Cualquiera de ésas o varias de ésas o todas juntas, más las bacterias y los virus y el sarcoma de Kaposi. Lo único que podía asegurar con certidumbre era que en los cimientos del imponente edificio médicopatogénicoclínico en que se había convertido mi hermano lo que había era un sida" (2007, p. 174).

En este sentido, debo aclarar que desde mi interpretación Fernando y Darío representan dos identidades. Fernando parece ser una metáfora del homosexual, sujeto patologizado, de mayor edad, que ha debido marcharse, que lleva en la vida las marcas de la anormalidad y que de hecho nunca se define a sí mismo como gay, y Darío, el menor, más jovial, menos consciente de su patologización y más desenfadado con su sexualidad, es más una metáfora del gay, que permite entender ese cambio subjetivo que comentaba y que encuentra en la sexodisidencia un punto crucial.

La vuelta de Fernando a Medellín pareciera que sirve para dar cuenta de la inevitable desintegración del cuerpo individual seropositivo (y del cuerpo social colombiano sumido en la violencia), pues él, personaje misógino, racista, clasista, y que ha "descuidado" por completo a la familia (y al país de origen) es quien, irónicamente, regresa a "cuidar" de su hermano (y, metafóricamente, a sanar posibles heridas devenidas por su *sexilio* voluntario). No obstante, Fernando vuelve, sobre todo, y más allá de cualquier tropo literario, porque es parte de una cadena del cuidado poco estudiada: la del marica latino auto-sexiliado que debe cuidar a otro marica seropositivo que se ha quedado en la casa del Tercer Mundo.[51]

De acuerdo a la Organización Panamericana de la Salud (OPS) en América Latina, en el año 2004, "el 80% de los cuidados de salud a personas con enfermedades crónicas o discapacitantes [...] [eran] realizados por las mujeres en el ámbito del hogar" (en Carosio 2009, p. 238). De alguna forma, y aquí se presenta el sinsentido, Fernando —el maldito Fernando— es un personaje inhabilitado estadística y competencialmente para el cuidado, y sin embargo es quien debe regresar, por la negligencia

51. En la novela se relata cómo el único que sabía que Darío era seropositivo fue su hermano Fernando. Luego tres amigos más se enterarían. El narrador comenta: "los últimos en enterarse fueron los de mi casa [en Medellín], en el último mes, cuando Darío regresó para morir" (2007, p. 49).

del sistema sanitario, de la familia y del propio sujeto seropositivo, a cuidar a un cuerpo cercano en su proceso de desintegración.[52] Un eslabón perdido del cuidado (el hermano homosexual despatriado), al cuidado de otro eslabón perdido (el gay seropositivo oculto), al menos en la narración geopolítica tradicional que acabo de enunciar.

Esta trama condenada al fracaso, en la que el protagonista, rabioso y lleno de reproches, odia a la madre, odia a Colombia y odia al sida, sirve para reflejar un momento crítico en la historia del cuidado del sujeto seropositivo, cuestión que se enuncia en esta cita, en la que recojo algunos fragmentos de la novela:

> Se puede descubrir el gran secreto de las madres de Antioquia: paren al primer hijo, le limpian el culo, y lo entrenan para que les limpie el culo al segundo, al tercero, al cuarto, al quinto [...] varón con pene, terminé de niñera de mis veinte hermanos. [...] La loca era más dañina que el sida [...] A los doce hijos mi casa era un manicomio; a los veinte el manicomio era un infierno. Una Colombia en chiquito. Acabamos por detestarnos todos. Por odiarnos fraternalmente [...] (2007, pp. 57, 58, 69, 161).

La madre que es como el sida, el sida que es como Colombia, Colombia que es como los hijos, los hijos que son como la madre, la madre que es como el sida... son ideas que articulan una secuencia (i)lógica, que no es cronológica sino circular. Cuya mirada misógina pero marica-sida-*friendly* a la vez que recompone, descompone a ciertos cuerpos. En otras palabras, un relato fragmentario que ratifica y contradice la retórica del cuidado que proponía líneas atrás, en un contexto de precariedad y violencia de la década de los 90 en dicho país; pues a la virulencia del sida se suma la virulencia neoliberal y vinculada a la lucha contra las drogas, en las que hay responsabilidad nacional e internacional, por parte del gobierno es-

52. En un momento de la novela comenta que una semana antes que él regrese a cuidar a su hermano, su familia decide irse de vacaciones dejando a Darío solo con la madre, lo cual permite concluir que el hermano no es una prioridad para el resto de sus familiares.

tadounidense. Fernando asume un lugar paródico de, por ejemplo, una tradicional madre latinoamericana, de su propia madre incluso, y él que es tan macho saca pulsiones misóginas que se alimentan del descuido que sufrió como hijo. Es posible, así, ver los rastros de una literatura que refleja un contradictorio enroque en el discurso del cuidado que no deja de tener implicaciones de género en un contexto de mucha complejidad.

Lina Meruane en su brillante estudio sobre el VIH/sida, aborda esta contradicción. Ella menciona que, el de Vallejo, es un texto que se basa "en la exclusión femenina" que muestra cómo las mujeres "contribuyen al estado general de la decadencia social" y en el que "la idea de sobrevivencia [del sujeto seropositivo en los 90] no es un empeño solidario sino que debe articularse, más bien, desde modelos binarios de competitividad y rendimiento" (2012, p. 112).[53] Sin desconocer este denigrante homo-patriarcado que, además, va en consonancia con todas las exclusiones de clase y etnia del personaje en esta novela y en el resto de autoficciones vallejianas, me parece, no obstante, que la autora, al obviar la retórica del cuidado del cuerpo como parte del análisis, ignora la creación de micro-comunidades loca-lizadas, que también obedecen a resistencias históricas que, en este caso, pueden ayudar hoy en día a pensar en itinerarios políticos para resituar la subjetividad y la enfermedad.

Justamente, el acercamiento de Meruane, valioso para dar cuenta de las normativas y exclusiones de género sobre los cuerpos de las mujeres (que fueron imaginarios de algunas comunidades seropositivas masculinas) sin embargo, universaliza el relato de la solidaridad que, al no

53. En realidad, las acciones de Fernando son excluyentes en la novela más respecto a la madre (con todas las posibles metáforas que esta figura acarrea) que a otras mujeres. De hecho, puede verse en varios episodios la colaboración que Fernando tiene con su tía, su cuñada y con la empleada de la casa, lo cual no niega el carácter misógino del narrador, pero permite ver la crítica a la polisémica figura materna, a la vez que articula un espacio que busca reafirmar una exacerbada cercanía masculina que, como explicaré, solamente en esta novela tiene ciertos propósitos más allá de la exclusión misógina.

focalizar nunca en la particular relación entre los hermanos, excluye de la cadena de cuidado, al "descuidado"[54] sujeto marica. De este modo, a la par que se "da a conocer" al lector la falta de articulación política feminista de Darío y de Fernando, inmediatamente se borran sus relatos de dolor y de atención: sus formas de resistir a la enfermedad. Esto impide entender y acaso historizar que, en su voluntad de vivir, en el complejo territorio latinoamericano del sida en los años noventa, una forma de "cuidado descuidado" que ha sido ignorado por los estudios de género, podría ser vital para entender ese camino para resistir el VIH/sida, también hoy en día.

El personaje de Fernando, en esta novela, simboliza esa paradoja, que a la vez que reedifica pensamientos discriminatorios respecto a ciertos cuerpos históricamente vejados por el sistema (mujeres, personas afrodescendientes o indígenas), también trae a colación formas de inclusión del sujeto patologizado (al cuidar del cuerpo doliente y al denunciar las [ir]responsabilidades familiares, nacionales e internacionales con el sujeto marica, seropositivo y latinoamericano), cuestión que deviene en la creación de una micro-comunidad "descuidada". Entender la extraña solidaridad en el texto de Vallejo implica, pues, evaluar muchas contradicciones y estrategias textuales que ubican a su texto entre el conocimiento y el cuidado, siguiendo la idea de Foucault.

4.2 Entre el conocimiento y el cuidado: formas de defender y arropar al cuerpo seropositivo

En la literatura de Vallejo conviven las escrituras del conocimiento y del cuidado. Las del conocimiento sirven para articular las verdades

54. Uso la palabra "descuidado" en su doble acepción. Por un lado: poco meticuloso con ciertos cuerpos, como los de las mujeres. Y por otro: como ignorado en sus particularidades por parte de varios discursos; por ejemplo, el del cuidado que, como he querido mostrar, tiene también una historia de tránsitos y exclusiones, marcada por la matriz sexo-genérica.

grandilocuentes del texto; las del cuidado para arroparse más a sí y a su hermano. En las líneas siguientes analizaré un doble movimiento que realiza el narrador en *El desbarrancadero*: el ataque al conocimiento a través de la medicina y el derecho que en Colombia olvidan y casi desean la muerte del sujeto gay seropositivo; pero también, como las formas de cuidado de uno mismo operan en el cuerpo del hermano para intentar insertar en la narración de resistencia seropositiva al "descuidado" cuerpo gay y homosexual.

Respecto a las primeras acciones, las del ataque a las instituciones y al conocimiento, Fernando constantemente, además de subrayar la virulencia de la enfermedad, critica la violencia médica. En primer lugar, la ejercida por los galenos:

> Para determinar qué le producía qué a mi hermano tendría que mandarle a hacer, para empezar, un examen coprológico; y para continuar una aspiración del líquido duodenal, una biopsia endoscópica, una punción lumbar del líquido cefalorraquídeo... Y más y más y más y pague y pague y págueles a estos hijos de puta" (Vallejo, 2007, p. 173).

La indolencia médica que se repite a lo largo de la novela, tiene que ver no sólo con el sida, sino con la privatización de la salud. A esto se suma la práctica de laboratorio que carece de ética, lo que lleva a Fernando a concluir: "estos charlatanes de los laboratorios son unos zorros" (2007, p. 172). Esto demuestra las pocas y negligentes acciones del Estado y sus ciudadanos en favor de los derechos de las personas seropositivas. Respecto a la legislación colombiana el Decreto 1.543 de 1997, solamente 8 años después de los compromisos del Manifiesto de Montreal de 1989, define la terminología respecto al VIH/sida y regula las actividades diagnósticas y de acceso gratuito a los medicamentos retrovirales, aunque de modo muy incompleto las actividades de cuidado. Esto refleja, respecto a legislaciones regionales como la Argentina, menos atención hacia los cuerpos seropositivos, articulando formas de negligencia y violencia médica.

Esto, nuevamente, deja en desamparo al hombre gay, re-homosexualizado, repatologizado. Lo cual se menciona por el narrador, en un momento álgido de la trama, "le contaron los epidemiólogos del municipio a mi cuñado Luis Alfonso, y éste a mí, que en infinidad de casas como la nuestra infinidad de enfermos se estaban muriendo de lo mismo, del mal ignominioso que nadie se atrevía a decir" (2007, p. 178). Esta práctica de silenciamiento que se iguala a la muerte (y que solamente opera a través del chisme, registrado en la novela), da cuenta de esa idea de confesión que resaltaba Foucault, la cual para hacer pública la realidad de la enfermedad obliga a una confesión vergonzante y patologizante, precisamente por las prohibiciones de la sexualidad.

Vallejo usa el humor negro para resaltar estas prácticas médicas grotescas y, a la vez, dignificar al sujeto gay seropositivo que no renuncia a tener sexo. En una escena, uno de los médicos, sin referirse a Darío como persona que tiene sida, usa el eufemismo de "paciente de alto riesgo", que sirvió para estigmatizar a las personas pertenecientes a ciertos grupos que fueron foco inicial del virus. El galeno obtiene una respuesta vinculada a las acciones del deseo homoerótico que no quiere callar: "—¿Él es de alto riesgo?— pregunta entonces el sabio echándonos miraditas disimuladas. —De altísimo, doctor: se acuesta con cuchilleros. —Ah... — dice" (2007, p. 173). Así, no se calla el placer sino que se enuncia para incomodar a ese saber médico vertical y descuidado.

Además de la violencia médica orquestada por el Estado y por los servidores de salud, en estas estrategias de conocimiento y autoconocimiento, hay otra que aparece en la novela y que se inserta en otro nivel, acaso más profundo, y por tanto, menos visible: el de la poscolonialidad, régimen de dominación geopolítica iniciado en la modernidad que desiguala a ciertos países de otros incluso después de sus independencias (Hall, 2007). La poscolonialidad (una colonialidad que no desaparece) crea dos categorías subjetivas diferenciadas pensadas desde el derecho Romano: ciudadano y bárbaro. En este sentido, ante la falta de atención médica del Estado pero, sobre todo, ante la irresponsabilidad mundial respecto al VIH/sida, nuevamente, es el cuerpo del Tercer Mundo el que se convierte en carne ejemplarmente atacada. Para entender este postulado, la diarrea, símbolo de corrupción corporal, ha sido un tropo fundamental para el cuerpo seropositivo que se desintegra no sólo por el virus o la incapacidad médica, sino, como veremos en *El desbarrancadero*, también por la dinámica global.

La significación de este fluido corporal puede verse, por ejemplo, en la obra teatral autoficcional *The Normal Heart* (1985), escrita por Larry Kramer, un clásico de la literatura seropositiva, en la que se relatan los años 80, extremadamente dolorosos para las personas y comunidades seropositivas en Nueva York. Específicamente en una escena, en la que Bruce le relata a Ned, el protagonista, la muerte inexplicable de su pareja, Albert, en un avión: "Albert pierde la razón. No me reconoce, no sabe dónde está ni que estamos yendo a casa. Y entonces, ahí, en el avión se vuelve… incontinente. Empieza a hacérselo en los pantalones manchando todo el asiento; mierda, orina, todo" (Kramer, 2000, p. 100). Albert muere antes de llegar al hospital, demostrando la imposibilidad de contención del cuerpo ante el virus, que deshumaniza a la persona.

En el caso de Darío en *El desbarrancadero* ocurre algo similar, tal como relata su hermano Fernando: "se estaba muriendo desde hace meses de diarrea, una diarrea imparable que ni Dios Padre con toda su omnipotencia y probada bondad para con los humanos podía detener" (Vallejo, 2007, p. 11). Ante esto Fernando le administra sulfaguadina, un remedio para este mal, pero que se utiliza en ganado. El antidiarreico para vacas funciona inicialmente. A la par, le da marihuana pues "el sida le quitaba el apetito, pero la marihuana se lo volvía a dar" (2007, p. 16). Luego, la diarrea vuelve y Fernando toma otras acciones: "cuando la sulfaguadina fracasó y la diarrea se volvió a declarar, fui con mi cuñada Nora a una farmacia veterinaria por amprolio, un remedio para el cólera de los pollos que le fui dando a cucharaditas" (2007, p. 186). En este pasaje, en el que el protagonista se ubica en un ambiguo lugar de la ciencia médica,[55] es posible entender la deshumanización del cuerpo marica

55. De hecho, mientras Fernando pensaba cómo curar a su hermano, un mango le cae en la cabeza, como alegoría a Newton, hombre de ciencia. Sin embargo, en otros momentos son remedios de herboristería (como las pastillas de

sidoso tercermundista, descuidado por la medicina y la legalidad nacional, pero también por la llamada resistencia gay y *queer* norteamericana, que aunque con dolores y sufrimientos análogos (como refleja el caso de Albert en *The Normal Heart*) demuestra cómo, con varios años de diferencia y mayores posibilidades de resistencia, no se compartieron aprendizajes con rapidez y pertinencia del Norte al Sur. Es decir, se revela indirectamente que el gay tiene una centralidad e historia en los Estados Unidos que no siempre calza en Sudamérica, específicamente en Colombia. Y que la marica homosexualizada, lejana al poder de las farmacéuticas, por ejemplo, debe encontrar formas-otras de resistencia, insuficientes para lidiar con el dolor del cuerpo.

Por ello, y sin tener, de ninguna forma, un proyecto decolonial de denuncia, las palabras enfadadas o sarcásticas de Vallejo permiten entender cómo, ante el discurso del sida como sinónimo de desintegración del cuerpo marica y "sudaca", era preciso restaurar a ese cuerpo violentado desde cierto uso desenfadado. La tradicional diatriba rabiosa de Vallejo que despotrica vehementemente, en este caso en contra de la familia, el Estado, la medicina, es un correlato ligado a ese cuerpo incontinente del hermano. Esta novela se constituye en un tomo olvidado particular de esa "historia de los anales" en la que se reordena esa cadena lógica tradicional, a partir de la cual el hijo "limpia el culo" (2007, p. 57) del siguiente hijo por el mandato materno, para pensar en formas de solidaridad, también centradas en la materialidad carnal, más allá de la familia nuclear y de la nación que, desde otra lógica, logran integrar al cuerpo desintegrado.

La segunda cuestión que me interesa abordar son los gestos de cuidado que mantiene Fernando. Justamente, la forma de llenar de nuevos

uña de gato que consigue de Brasil, planta que irónicamente estaba sembrada en el jardín de la casa en Medellín) o ligados a la espiritualidad (usa palo santo para tranquilizar a su hermano) los que Fernando intenta para curar a su hermano significados contra-hegemónicos a la palabra construida jerárquicamente, pasa por un cuidado de unx mismx, que parte de esta concepción diversa del cuerpo patologizado. Así, a través de la narración (y de ciertos intertextos que aparecen en ella) se crea un vínculo afectivo entre Fernando y su hermano Darío, que va más allá de las normativas tradicionales familiares y que acerca de modo transgresor a los cuerpos a través de la noción de cuidado propio.

De hecho, la de *El desbarrancadero* es una narración que exacerba la cercanía corporal, la conexión carnal. Por ejemplo, el espacio primordial donde se desarrollan las acciones es la casa materno-paterna, lugar algo sórdido pero también íntimo, que tiene un artefacto que es vital para entender la proximidad de los cuerpos: la hamaca. En una escena, en la que los hermanos empiezan a fabular respecto a ese momento vital para el sujeto seropositivo, el contagio, Fernando comenta a su hermano Darío:

> Cuatro años han pasado desde el análisis, y henos ahora aquí en este jardín de esta casa, en la placidez de esta hamaca rememorando, echándole cabeza a ver quién lo pudo contagiar, por el muy humano deseo de saber, de saber quien fue el que te mató (Vallejo, 2007, p. 39).

El espacio de la hamaca, "mueble" de origen taíno y, por tanto, *propio* de la región, es diferente al de una cama o un sofá, pues apachurra a los cuerpos haciendo que pierdan esa distancia impuesta por el mandato racional eurocentrado. Este lugar compartido demuestra que en Fernando hay ese deseo de conocer la enfermedad pero su objetivo principal es el de cuidar al cuerpo del hermano, transmitiéndole vitalidad, como contracara a la transmisión del virus y el discurso de miedo que este acarreó.

Esta vecindad exacerbada no se basa en la familia sanguínea, patri/matrilinealmente constituida, sino en una historia corporal marica que hermana las sangres: la seropositiva y la no seropositiva. Esta mezcla de fluidos, que busca desordenar el espacio familiar, ocurre, por ejemplo, en el momento en que ambos hermanos comparten compañeros sexuales; cuestión que además refleja ese mundo gay contradictorio: que libera al cuerpo de un régimen sexual basado en la célula familiar, pero que lo disciplina al ponerlo en un escaparate capitalista y blanqueado que mira a la carne humana como bien consumible y que tiende a deshumanizar al sujeto. Para ello es bastante ejemplificativa una escena en la que Darío y Fernando performan un trío con un hombre afrodescendiente (y que aparece en otra novela anterior de Vallejo, *Años de indulgencia* [1989], aunque con una variación argumental)[56]:

> —Nos lo llevamos a nuestro apartamento del Admiral Jet, donde yo era "super", lo pusimos entre los dos en medio de la cama...
>
> —Y nos lo pasábamos del uno al otro como pelota de ping-pong. ¡Qué noche más caliente hermano!
>
> Y me puse a bendecir a Dios que nos había dado esa belleza y tantas otras, inmerecidamente (2007, p. 146).

Además de esa mezcla de compañeros sexuales (racista, por la objetivación del cuerpo negro), que invoca sugerentemente al tabú por excelencia, el incesto, la novela busca mezclar la sangre "enferma" con aquella "sana". Esto se evidencia en un episodio crucial dentro de todo relato seropositivo: el momento en que se descubre, vía examen médico, que la persona tiene el virus en su cuerpo. En el caso de los hermanos, ambos se hacen el examen sanguíneo al mismo tiempo y obtienen el resultado, también, en el mismo instante. Fernando comenta "en ese momento le pedí a Dios que el laboratorista se hubiera equivocado, que hubiera confundido los frascos, y que el resultado fuera al revés, el mío positivo y el suyo negativo" (2007, p. 38). Ese intercambio no sexual de fluidos permite ver esa historia compartida que escribe unos particulares "anales familiares" en los que un régimen *ius sanguinis,* un derecho a la sangre, promete la creación de una patria y nación marica desde otra

56. En esta novela Fernando comenta "Mi invisible presencia se apartó a un rincón discreto. Doblaban al negro, giraban al negro, desdoblaban al negro" (2007, p. 37), dando a entender que él no formaba parte de la relación sexual y era solamente un *voyeur*. Cuestión que, sin embargo, no quita ese carácter de cercanía exacerbada de los cuerpos, que se aproxima al incesto.

solidaridad. Una solidaridad extraña, pues en ella opera un racismo que objetiva al sujeto afro.

Los textos que circulan en la historia no son solamente aquellos literarios y referenciales (dentro de los cuales, incluso, podría considerarse la propia novela) sino que, como indica la escena anterior, se incluye a los escritos médicos que, al compartirse, pierden la característica del autoconocimiento y devienen en un perímetro del cuidado propio. Escritura y lectura compartidas, en ese espacio de sórdida intimidad, que dan un locus diferente al cuerpo. En este sentido, Fernando le cuenta a su hermano:

> Aquí tengo en la computadora del coconut *archivado todo tu expediente*, el sumario. Con la sífilis entró el sida, fue una infección mixta la tuya, promiscua, por una desaforada promiscuidad. Pero bueno, no te lo estoy reprochando, te lo estoy comentando. Por interés científico (2007, p. 42, el énfasis es mío).

El protagonista ha leído y guardado con atención los textos "de" Darío[57]; es decir, no los textos escritos por Darío sino aquellos que cuentan esa "verdad médica" del cuerpo, que marca la narración seropositiva. El compartir esos textos médicos que entrañan porcentajes y diagnósticos con un lenguaje prescriptivo (que modifica la realidad, en este caso cuerpo sano/cuerpo enfermo), humaniza al texto, alivio al menos en esa época para la enfermedad, incluso en espacios de privilegio en América Latina, como es la casa pudiente de los hermanos, ubicada en Antioquia.

Fernando, no parte de la lógica del cuerpo sano versus el cuerpo enfermo, y por tanto ese binarismo se resquebraja, dando pie a nuevas formas de representar la enfermedad. Probablemente por el nihilismo del narrador que conoce cómo opera la homosexualidad, el cuerpo enfermo y la muerte no se miran como algo nuevo para el gay sino como un devenir más de su existencia. Por ello, la cercanía del narrador(/autor/

57. Aunque "la computadora del coconut" es una metáfora de la cabeza del autor, queda algo ambigua respecto a un archivo digital en, por ejemplo, una computadora Apple.

personaje) con su hermano se exacerba en la novela. Fernando, rememorando hechos pasados, sueña que él y Darío caen en un precipicio (intertexto, quizá de *Thelma and Louise*). Fernando, asustado, porque puede ser una pesadilla premonitoria de la muerte, entra al cuarto y ve a su hermano que está mirando (¿leyendo?), una foto de cuando eran niños, en el viejo álbum familiar. Darío le cuenta que soñó que se "desbarrancaban" a lo que el narrador responde:

> Me quedé de una pieza, querido amigo: habíamos soñado lo mismo. Y es que le voy a decir una cosa: al final Darío tenía el alma sincronizada con la mía, sueño por sueño, recuerdo por recuerdo [...] esa foto y ese sueño de ese río resumen con la verdad profunda lo que decanta el tiempo mi relación con Darío (2007, p. 161).

La portada original, y aquellas sucesivas de la novela, tienen una foto de Fernando Vallejo y su hermano, llevando así la conexión expresada en el escrito no sólo al terreno paratextual sino al espacio autobiográfico, que supera al inicial de la autoficción. Por ello, todas estas vinculaciones enmarañadas, que exacerban la cercanía y la lectura y escritura de diversos textos, ensamblan un cuidado de unx mismx marica, paisa, enfadadx, tiernx, racista, machista y eróticx que me parece se debe considerar como parte de la construcción sexo-genérica regional; y que sin llegar a despellejar la tradicional autoría, como sí logran las feministas comunitarias aymaras, permite pensar en matices de vida y obra que invitan a evaluar nuevas subjetividades del cuerpo, basadas en un paradigma de los cuidados.

Las parejas serodiscordantes son aquellas en las que un miembro de la pareja porta el VIH y el otro no. Me parece que la de Fernando y Darío es otro tipo de pareja serodiscordante, uno de esos casos en los que hay una agrupación instintiva y sentida, más cercana a la de la manada que a la de la familia nuclear, en la que "multiplicidades de términos heterogéneos, y de co-funcionamiento por contagio [que] entran en ciertos agenciamientos, y ahí es donde [...] realiza[n] sus devenires-animales" (Deleuze y Guattari, 2002, p. 248).

Al final de la novela, no obstante, Fernando huye y abandona a su hermano a las puertas de la muerte. El cuidado homosexual seropositivo, así, se cuartea y da cuenta de ese "cuidado descuidado" que mencioné al inicio de este acápite y que hay que, de modo perspicaz, atender. De esta forma, el carácter maldito del autor/narrador/personaje impide pensar en una comunidad de largo aliento, lo cual obliga a buscar cambios subjetivos sustanciales que entiendan a los cuerpos desde sus múltiples intersecciones y generen múltiples empatías, ausentes en la novela. Aunque son esas acciones relacionales, siguiendo a Muñoz, las que permiten pensar en el futuro, en la posibilidad (2009).

Me parece, pues, que varias estrategias narrativas presentadas en *El desbarrancadero*, permiten pensar en las potencialidades y falencias de ciertas micro-comunidades gays, maricas, homosexuales, sexodisidentes latinoamericanas de finales del siglo pasado —de hoy mismo— marcadas por la contradicción, la inmediatez y una compleja voluntad de vivir, en un marco de *anormalidad*. La estela que deja Fernando sobre el "cuidado descuidado" de Darío, además de ser parte de la búsqueda de un registro seropositivo propio, posibilita evaluar en la actualidad cuáles son las formas de cuidar y proteger jurídicamente al cuerpo sexodisidente, en una región compleja como la latinoamericana.

5. BREVE EPÍLOGO. BUSCANDO UN JARDÍN

Otros textos latinoamericanos han sido mucho más prolijos para presentar una escritura de conocimiento por encima de una escritura de cuidado del cuerpo homosexual o gay afectado por la seropositividad. En "El jardín" de Luis Negrón, por ejemplo, la persona seropositiva, Willie, es cuidado por su hermana, Sharon, y su novio, Nestito, que no es seropositivo. Un trío serodiscordante, en este caso. El cuidado aquí ocurre de modo mucho más plácido, no solo porque Nestito se apersona de su amante sino porque los tres se protegen en el jardín de la casa, que sirve como metáfora para descubrir quiénes son "en verdad".

Hay un gesto muy interesante que ocurre en el cuento y es que los dos protagonistas homosexuales se conocen el día en que Willie se entera que es seropositivo. Sin embargo, "el papel con los resultados" (Negrón, 2011, p. 49), que certifica no solo la patología sino la condición de paciente no llega a salir del bolsillo de Willie. Así, el símbolo del discurso de la verdad médica que a través del lenguaje prescriptivo transforma a la persona en "enferma" no es importante en este texto. El paradigma del cuidado se impone a aquel del conocimiento, y cambia también el modo en que la persona seropositiva accede al crucial derecho de la vida digna.

Hay una escena que quiero destacar y que ocurre cuando Willie, decaído por el virus y por la medicación excesiva, es seducido por Nestito. Ambos tienen sexo, nuevamente negando ese pánico que se instauró de modo tan eficiente por parte de los medios de comunicación. Willie revive después del sexo; vence a la enfermedad, por un momento; que en verdad es lo que hacemos todas las personas en nuestra existencia... vencer a la enfermedad por momentos, hasta que nos llegue la muerte. Willie termina la escena comentando: "tus nalgas son milagrosas" (Negrón, 2011, p. 55), por lo que no sólo que se acompaña con la cercanía y la reflexión propia a la persona seropositiva, sino con todas las potencialidades del cuerpo, con ese ano que otrora fue símbolo de muerte y que se vuelve vida.

Sin embargo, hay un detalle que no es posible pasar por alto. El joven que cuida, Nestito, es racializado y de una clase social popular. Willie y su hermana son más blancxs y de una clase más acomodada. De esta manera, pareciera que la asimetría en el cuidado es insalvable en la región, lo cual obliga a hacer análisis complejos y cruzados respecto a cuidado y descuido.

Con este acápite, complejo y marcado por una genealogía de la intemperie del cuerpo sodomita, he querido mostrar la importancia de pensar los sistemas de protección de modo amplio. De entender la necesidad de comprender las subjetividades, sus intersecciones, sus modos de sociabilidad y sus contextos para lidiar con la enfermedad y la estigmatización desde una mirada amplia de la bioética. Y, desde luego, para entender cuáles son las normativas legales y políticas públicas que deben operar cuando hablamos de enfermedades ligadas con actos corporales subversivos contra la norma cisheteropatriarcal tradicional.

Pienso, por ejemplo, en cómo las personas que se infectan del VIH/sida siguen siendo mayoritariamente racializadas y migrantes, al menos en el Primer Mundo; o cómo el debate sobre la obligatoriedad de la profilaxis Pre-exposición (PrEP), tratamiento que impide la infección de VIH, ha generado opiniones que no quieren que el costoso tratamiento se dé de forma pública por la vida "desordenada", "irresponsable" o "descuidada" gay; vida mediada por el placer capitalista. O cómo dicho tratamiento no circula en todos los países del mundo ni es parte de la salud pública. Todos estos temas reavivan discursos conservadores de la muerte del cuerpo *anormal* y cierto placer sádico que, sin una mirada bioética responsable, quiere que ciertos cuerpos no tengan futuro.

Cuidar a los cuerpos, más aún si han sido históricamente discriminados, como los del sodomita, la marica, la travestida, el homosexual y el gay es una tarea fundamental en la etapa contemporánea. El derecho y la literatura tienen una responsabilidad de que sus libros y escritos estén cargados de posibilidad, de devenir, y no de anulación del futuro.

Un deber de articular un interseccional jardín para pensar las dolencias de la carne devenidas de la imposición (colonial) del sistema de género cisheteropatriarcal.

CAPÍTULO IV
Testimonios sexodisidentes. La vida travesti y la sexodisconforme en Purita Pelayo y Diego Posada[58]

1. EL TESTIMONIO COMO PUENTE ENTRE LA LITERATURA Y EL DERECHO

El testimonio es una forma textual presente tanto en el derecho como en la literatura. En el campo judicial el testimonio es una prueba accesoria para la investigación; es decir, sirve para "apoyar la posición de una u otra de las partes en disputa [...] un auxiliar del proceso, pero no un protagonista del mismo" (Sánchez Gómez, 2018, p. 19). De forma similar, en el sistema literario el testimonio es, en inicio, un minoritario género escritural, "por un carácter no literario —o, al menos, paraliterario—" (García, 2012, p. 379).

No obstante, la historia del testimonio en América Latina, continente marcado por la coexistencia compleja entre sistemas hegemónicos y contraculturales, ha hecho que tenga un devenir diferente. La pugna entre escritura y oralidad, entre diferentes etnias o clases sociales e

58. He trabajado algunas de las ideas de este capítulo en otros cuatro artículos. "Intertextos gelmanianos: las afectaciones como puente entre la literatura y el derecho" (2019) publicado en co-autoría con Daniela Salazar en *Altre Modernità*; "Escribir con el cuerpo en movimiento: sexo-disidencias andinas de Diego Posada y Frau Diamanda" (2021) publicado en *Perífrasis*; "La potencia travesti en *Los fantasmas se cabrearon* de Purita Pelayo" (2021), publicado en el libro *Los fantasmas se cabrearon: Crónicas de la despenalización de la homosexualidad en el Ecuador*; y "Resignificar el rostro trans: el testimonio sexo-disidente de personas ecuatorianas en España" (2022) a publicarse en la revista *Pasavento*, este 2023.

incluso entre sistema nacional e internacional de justicia, ha hecho que el testimonio tenga un lugar estelar en los campos literario y jurídico. No es casual que, por ejemplo, el premio literario de Casa de las Américas, el más prestigioso en la región, tenga desde 1970 la categoría de testimonio; o que en la Corte Interamericana de Derechos Humanos el testimonio haya tenido un lugar central en las comisiones de la verdad que incorporaron mecanismos más flexibles, como el testimonio, para averiguar las violaciones de derechos fundamentales.

Cabe señalar, que el testimonio en la región articula un *qué* y un *cómo*. En cuanto al *qué*, exige de hechos que merecen contarse y que, en buena medida, han roto las nociones más básicas de ética y justicia al quebrantar derechos fundamentales; y respecto al *cómo* es una forma escritural urgente, que no solo busca permanecer en la inmediatez sino trascender a una reflexión más profunda en torno a la memoria (Bustos, 2010, p. 17)

Es esta posibilidad de reconstruir el pasado central para los textos testimoniales. Sin embargo, hay otro elemento clave: el *quién*, que se representa en la figura *del testigo*, el cual, de acuerdo a Emile Beneviste, para serlo debe "haber pasado por un acontecimiento cualquiera y subsistir más allá de este acontecimiento, por tanto, haber sido testigo" (1983, p. 404). En algunas ocasiones, ese *subsistir* tiene implicaciones muy complejas, pues implica haber sentido el horror y haber sobrevivido a él; aunque a veces solamente es haberlo presenciado. Hay adicionalmente otra cuestión: *el testigo* también debe mostrar características de probidad, de ética, de lucidez para saber que cuenta la verdad. Solamente si se valida el *quién* hay forma de que se valide el *qué*.

Con estas características esbozadas de modo sucinto es posible entender que la particularidad del testimonio en América Latina no sólo radica en haber canonizado y delineado a esta forma textual sino en haber priorizado ciertas violaciones de derechos así como *ciertos testigos*. En otras palabras, que determinados hechos, formas y personas han logrado, más que otras, evidenciar las complejas violaciones tanto en el derecho como en la literatura. En este sentido, tal como apunta Hans Fernández Benítez (2015, p. 67), si bien la plantilla testimonial en América Latina se afincó en una ética de la solidaridad, esta se basó sobre todo en la lucha de clases marxista, enfocada desde los *testimonial studies.* Así, la violencia imperialista, la de los gobiernos autoritarios de derecha o la de centenarios terratenientes en contra de personas disidentes al régimen, de indígenas, de campesinxs, de mujeres o de obrerxs tuvieron un lugar central en la retórica testimonial y, por tanto, en definir lo que es el testimonio. Sin embargo, este canon testimonial también excluyó a otros posibles textos y personas que, ni en el amplio campo literario regional ni en el Sistema de Derechos Humanos, calzaban en temática o probidad de testigx y, en el fondo, no denunciaban algo urgente e injusto.

Específicamente, en el sistema literario latinoamericano no se incluyó de modo central en la *etapa dorada del testimonio* (las últimas décadas del siglo pasado) a personas sexodiversas y sexodisidentes, quienes compartiendo matrices de opresión de clase o raza, no estuvieron en la mira de los testimonios tradicionales por su identidad, orientación y performance de género diferentes.

Tómese como ejemplo un caso analizado por Nicola Chávez Courtright en San Salvador a inicio de los años 80 del siglo pasado, en el que varias "mujeres trans trabajadoras del sexo fueron secuestradas por una camioneta debajo del monumento al patrón de la ciudad [...] se desconoce hasta el día de hoy quienes fueron los secuestradores" (2017, p. 6). Más allá del horror de ese rapto de mujeres trans, que continúan desaparecidas, sus vidas no fueron consideradas por la Comisión de la Verdad del Salvador, que no han incluido este evento dentro de su recapitulación de horrores. Tampoco dentro de una reflexión del testimonio más vinculado a la literatura. De hecho, este suceso está presente pues "sigue viviendo en la memoria colectiva de esta población [trans]" (2017, p. 6). Personas sexodiversas y sexodisidentes son las que han querido poner este espeluznante incidente en el relato de la memoria salvadoreña, pues esto que ocurrió sigue invisible, incluso para el discurso de los derechos humanos y la cultura nacional y regional.

El valor de ciertxs testigxs (perosonas tran o travestis) ha sido, pues, también subvalorado, probablemente por la instaurada transfobia.

Me interesa en este capítulo analizar dos de esos testimonios sexodisidentes que hoy podrían entrar en el canon testimonial y que sirven para entender hechos macabros, modos de narración y testigxs que buscaban obtener la reparación histórica y la construcción de una memoria que impida que se mantenga un halo de impunidad sobre quiénes han ejecutado determinadas acciones que vulneran derechos humanos. Los testimonios son el de la mujer transgénero Purita Pelayo, que da cuenta de la vida travesti en los años previos a la despenalización de la homosexualidad, y el de Diego Posada y La Re-pública Rarita en las diásporas latinoamericanas en Europa.

1. EL TESTIMONIO DE LA MUJER TRANS PARA TRAVESTIR EL TESTIMONIO

Pido permiso a lxs lectores para suspender brevemente el discurso y enunciación características de un texto teórico como este que escribo y en el que funjo de académico, con el fin de convertirme, solo por un breve lapso de tiempo, en testigo de ciertos hechos que viví hace casi dos décadas:

> Veintiuno de mayo de 2004. Termina un evento más, parte de las actividades del Miss Universo realizado en Quito. Suena mi celular. Parqueo súbitamente cerca de "la Y". Mi antigua jefa, una joven concejala de la ciudad, parte de la comisión municipal para la organización del polémico concurso "universal", me pregunta que cómo fue todo. Yo, un joven e idealista abogado gay con interés en la protozoaria vinculación entre género y derechos humanos (que no obstante debe trabajar para un certamen de belleza, dirigido entonces por Donald Trump), le digo que todo fue bien. De repente, una exuberante mujer en frente de la calle me saluda con la mano mientras con la otra se topa uno de sus senos. Caigo en cuenta que a esa hora "la Y" es una zona donde las travestis se ubicaban para ejercer el trabajo sexual.
>
> Sonrío a la mujer con gesto cómplice y muevo mi dedo de un lado al otro, lo más afeminadamente posible, para decirle que gracias, pero no soy lo

que ella está buscando. Ella alza los hombros con una sonrisa algo inocente. Pienso, "nos hemos entendido. Claro, si es que los dos somos *GLBT*[59] y somos comunidad". La mujer cruza la calle por detrás de mi automóvil. La sigo con los espejos retrovisores, sin dejar de hablar con mi entonces jefa. De pronto desaparece. Un minuto después, cuando yo colgaba el teléfono, la mujer reaparece junto a mí, de la nada. Mete su mano por la ventana que tenía medio abierta para quitarme mi teléfono celular. Forcejemos por el aparato que queda destruido. Piso el acelerador y me alejo de allí. Noto que un hilo de sangre baja por mi mano. No sé si es mía, suya o de ambxs.

Evoco aquel gesto mientras escribo este texto: ese brazo retorciendo el mío en medio de esos años de miedo, violencia y reivindicación. Acción audaz e iracunda en la noche quiteña que interrumpía una comunicación para entablar otra, y a través de la cual la reina más reina de las reinas se hacía presente con su belleza, su precariedad y su rabia. Junto al celular roto quedaron dolorosas lecciones de privilegios no asumidos, de miedos sangrantes compartidos, de largos e incesantes caminos para la creación de comunidades.

Vuelvo a ser el yo académico, a narrar desde esa matriz distante que es (casi siempre) la teoría. En este relato, puede verse aquello que menciona Giorgio Agamben respecto al poder de quien testimonia que en realidad pone en aprietos esa definición de Beneviste, que el testigx sobrevive al acontecimiento. El *testigo*, nos dice Agamben, articula una relación dispar en la que el verdadero testimonio del horror no es posible. El *verdadero testigo* "no puede testimoniar [...] tampoco el superviviente puede testimoniar integralmente [...] la lengua del testimonio es una lengua que ya no significa, pero que en ese su no significar, se adentra en lo sin lengua hasta recoger otra insignificancia" (Agamben, 2005, p. 39). En este breve relato no soy, ni de lejos, el mejor testigo de esa vida hostil para la sexodisidencia, sino un casual y privilegiado observador dentro de ella: ser un hombre cis, mestizo, clase media y letrado son las intersecciones de privilegio que me habitan a pesar de ser un maricón. La persona con la que tuve el forcejeo, la verdadera *testiga* según Agamben,

59. En esa época las siglas se escribían así, con el gay por delante, y sin referencia a la sexualidad.

de quien no sé siquiera su nombre o cómo se define identitariamente, no puede relatar su vida en este texto, pues los códigos de la amurallada ciudad letrada andina son altos y excluyentes, más aún para las personas travestis. Sin embargo, con su gesto de inconformidad por mi aburguesada ingenuidad, ella articula un mensaje: el cuerpo travesti/trans no puede no ser el relato central en la historia andina de la sexodisidencia.

Afortunadamente, hoy, una potencia sobrecogedora, la de las políticas travestis, entra por las ventanas semiabiertas de la ciudad letrada en América Latina. Sus ideas e imágenes que se plasman en distintos textos, así como en subjetividades que encarnan autorías-otras irrumpen en lo estético, lo teórico y lo político. Marlene Wayar, Claudia Rodríguez, Susy Shock, Frau Diamanda o Pilar Salazar son algunas de las voces que reactualizan las culturas nacionales y regionales, que cuestionan cualquier idea simplista de comunidad y que tensionan posturas feministas, gay-lésbicas e incluso trans para repensar la subjetividad más allá del cisheteropatriarcado. Más aún, ahora ellas, en muchos casos, son testigxs mucho más verdaderas que han podido salir del texto letrado que las tuvo atrapadas durante tanto tiempo.

En este sentido, Claudia Rodríguez, travesti chilena, explica con absoluta lucidez como la exclusión de las travestis del sistema educacional es intencionada: "el no saber leer y escribir nos convierte en cuerpos para ser odiados" (Rodríguez, 2012). Recuperar la palabra travesti/trans implica, pues, escribir desde un espacio liminar lleno de significaciones en el que quien no pudo escribirse se escribe y narra los horrores de los regímenes cisheteropatriarcales.

En el caso de Ecuador es Purita Pelayo quien escribe. Ella, una de las sobrevivientes a la necropolítica cisheteropatriarcal (Valencia, 2019), puede testimoniar sobre las atrocidades contra las personas gays, travestis y transgénero en la época donde empezaron las más importantes reivindicaciones, las cuales marcaron la pauta para los cambios en un ordenamiento jurídico ejemplarmente discriminatorio para personas sexodiversas y sexodisidentes. Ella es, pues, una testigx que muestra absoluta probidad y que analiza un tema fundamental: la violación sistemática de derechos desde un régimen cisheterocentrado.

Hay algo además interesante en la publicación de este libro que permite comprender cómo el testimonio puede *transitar* entre el derecho y la literatura en la ciudad cishetero letrada. Decía Severo Sarduy respecto a lo y la travesti llevan: "la experiencia de la inversión hasta sus límites" (1969, p. 43). Para esta aseveración, Sarduy se apoya en la Manuela, emblemática travesti de la literatura regional, personaje de la novela *El lugar sin límites* de José Donoso. Sarduy concluye: "lo que este personaje significa es el pintarrajeo, la ocultación, el encubrimiento. Cejas pintadas y barba: esa máscara enmascara que es una máscara" (1969, p. 48). Me parece que a la luz de entender lo travesti como una propuesta política y estética es posible afirmar que el libro de Purita Pelayo, *Los fantasmas se cabrearon: Crónicas de la despenalización de la homosexualidad en el Ecuador,* es un libro travestido.

Originalmente este testimonio fue publicado en noviembre de 2017, para conmemorar los 20 años de despenalización de la homosexualidad, y el nombre de quien firma es, en verdad, un seudónimo de la autora: Alberto Cabral (un nombre ficticio que de hecho Purita usaba cuando la policía la detenía para así no revelar su identidad). El texto fue publicado por la Fundación Regional de Asesoría en Derechos Humanos INREDH e inmediatamente fue percibido como un texto vinculado a la denuncia jurídica. Purita, además, escribe este texto como contra-relato de la verdad oficial. La Comisión Especial para la Verdad, Justicia y Reparación de Ecuador, instaurada en el gobierno de Rafael Correa, no reconoció en su informe final de 2010, *Sin Verdad no hay Justicia,* las gravísimas violaciones de derechos por parte del Estado ecuatoriano, especialmente en el gobierno de derecha de León Febres Cordero, contra las personas trans y travestis. De esta manera, este texto no se escribe con la urgencia y la inmediatez de los eventos ocurridos en el siglo pasado. Pero sí con la necesidad de ver, nuevamente, las limitaciones de los discursos de la izquierda y la derecha que no codificaron las condiciones de género e interseccionalidad como claves para la lectura de las violencias cometidas por el Estado ecuatoriano. De todas formas, esta primera edición que maquilla la autoría, y se viste de modo serio, como si quisiera entrar en el terreno del derecho sirve como un documento probatorio de las violaciones de derechos humanos.

Hay una segunda versión de este texto, publicado en coedición por Severo Editorial y USFQ Press. Un trabajo mucho más cuidado, con un diseño sutil y arriesgado que, por ejemplo, da importancia a la estética textual, a la simbología trans,[60] con una selección del archivo fotográfico personal de Purita (que cuenta con más de 2000 fotografías); y con artículos que acompañan el texto de la autora, en una suerte de romería que acompaña este testimonio. De hecho, ese testimonio que transcribí líneas atrás lo redacté para ese libro, para dar cuenta de la necesidad de que todo relato marica o lésbico que hable de la memoria y reparación sexodisidente en realidad se debe a ese más tardío pero más *verdadero* relato travesti/trans. Sea como fuera, este escrito hace una suerte de *reveal*, de cambio de traje típico a vestido de gala, para que Purita sea la autora. Así, vestido de luces, el libro se acerca al campo literario desde una estética más *loca* y ciertamente más cercano a discursos estéticos y políticos, que superan la primera edición pensada más como un documento jurídico..

El escrito de Purita es, irónicamente, difícil de situar desde una lógica de la *pureza*, tanto en forma como en contenido. Son crónicas que algo tienen de (auto)biografía y que incluso podrían tener una pizca de ficción en sus páginas, entendiendo que el testimonio hoy en día es un género hibridado con otras plantillas y estéticas. Sin embargo, y siguiendo la tradición latinoamericana, el de Pelayo es un testimonio donde la voz propia se vuelve colectiva, donde una vida son todas las vidas, donde lo documental se impone a lo literario (Achugar, 2002) y sirve para desentrañar el complejo derecho a la verdad, en el que la reparación

60. Todo el libro, por ejemplo, juega con los colores de la bandera trans.

del *genocidio travesti*, aún pendiente de reconocimiento y reparación (Wayar, 2021), se enuncia como parte de la memoria social.

Sin embargo, Purita, persona travesti [61] letrada, no escribe para el canon literario, aunque busca insinuársele, por ejemplo, al usar epígrafes de Juana de Asbaje, Oscar Wilde o Pablo Palacio. Su palabra es, en verdad, fronteriza. Se ubica con un tacón en la ciudad letrada y otro tacón en la calle. Una épica travesti: gesta heterogéneamente contradictoria, gesta hetero*travesti*géneamente contradictoria[62].

En este sentido, las fuentes del trabajo de Purita son variadas. Las noticias en medios de comunicación, las sentencias judiciales o las fotografías de su archivo personal dan cuenta de la rigurosa investigación de lo escrito; que junto a una narración con tono sobrio otorgan a su texto de un indudable carácter documental. No obstante, la vivencia y los recuerdos son esenciales en este escrito para plasmar ese *lado-otro* de la vida. Es así que aparecen ciertos recursos como el chisme, fuente creativa y de conocimiento (López Rodríguez, 2018), que permite hablar de modo distendido de acciones cuestionables de políticxs, defensorxs de derechos humanos, miembrxs de la fuerza pública, homosexuales y travestis, articulando complejidad en la narración y múltiples empatías y antagonismos. Esto ensambla una trama que es a la vez un documento histórico y un poderoso registro estético, que se une a una tradición en la que "lxs antes delincuentes" relatan desde su subjetividad otro lado poco conocido de la historia (Jean Genet, Reinaldo Arenas o Severo Sarduy); tretas del débil para entrar en espacios hegemónicos como la escritura. Así, Pelayo no renuncia a sus saberes populares y, en pos de ello, *suelta la lengua*. Lo cual, no obstante, a veces hace que su testimonio sea repetitivo y que a veces se pierde en sus propios recovecos de

61. Es esta denominación la que Purita prefiere, de acuerdo a una conversación mantenida conmigo en enero de 2023.
62. Utilizo esta palabreja como alcance al concepto propuesto por Cornejo Polar. He trabajado esta aproximación en otro texto (Falconí, 2016c).

la memoria; cosa que tampoco es nueva en la historia del testimonio latinoamericano.

Hay que añadir que este testimonio de Pelayo es importante porque permite entender los procesos asociativos y de resistencia de las personas travesti/transgénero, que fueron las que pusieron el cuerpo más directamente en el activismo callejero. Especial atención realiza el texto al proceso de formación y funcionamiento la Asociación Coccinelle, la primera organización de personas transgénero en el país, que tuvo un papel central en el proceso de la despenalización de la homosexualidad en Ecuador. Esta mirada a los procesos de resistencia, y no solo a los de opresión, dan un carácter amplio y complejo a este texto para, siguiendo lo analizado en el capítulo anterior, no caer en la distopía del *no futuro*.

La Asociación Coccinelle, además de ser una nave nodriza para una serie de cuerpos feminizados es una persona jurídica que obtiene un lugar en el ordenamiento legal nacional. Esto permite a lxs lectorxs conocer una trama compleja en la que concurren cuestiones diversas: búsqueda de derechos, solidaridad con otros grupos, proyección internacional, estrategias políticas; pero también demandas de corrupción, discrepancias internas e incapacidad para lidiar con la discriminación estructural. Así, *Los fantasmas se cabrearon* —lejos de mostrar una comunidad unitaria— articula, a través de la descripción de personajes, espacios y acciones memorables, comunidades estratégicas y complejas que se juntan en lo político para resistir la extrema violencia sin perder, y esto es realmente increíble, la esperanza. De allí que a través del relato testimonial se humanice algo tan técnico como suele ser la personería legal y sus acciones, pues más que una devoción a la institución se hace un rescate *justo* de quienes han sido parte de ella.

En este sentido, Emilia Perassi en su lúcido estudio de la literatura testimonial contemporánea menciona cómo el testimonio es un "acto comunicativo en el que el yo trasciende en ese 'nosotros' en nombre de los que se habla y a los cuales se dirige el gesto de rememoración [...] en la responsabilidad de perpetuar su palabra (2017, p. 334). Perpetuar esa palabra es entender también estéticas y procesos vitales que además de historizar dan una impronta al *yo* y al *nosotrxs*.

Así, gracias a Pelayo, aprendemos que las travestis son una comunidad lingüística, política y jurídica. Su texto, por ejemplo, nos enseña un léxico ("los boquitas pintadas", "la Guámana", "el cachero", etc.) y una estructura semántica ("el Ninoska", "un gay travesti", etc.) que se usaban en la época, los cuáles permiten vislumbrar una comunidad en práctica. La lengua muy lejana a los mandatos binarios de la RAE, da cuenta de una forma de vida diferente que percibe la identidad de modo particular.

El uso apócrifo en ocasiones de la palabra demuestra, en resumidas cuentas, un espacio cotidiano diferente que, gracias a la organización grupal devenida de la discriminación, articula una comunidad de protección y de búsqueda de desarrollo individual. Especial atención en este testimonio merece el remapeo del espacio desde deseos proscritos (Cortés, 2011). El Quito del siglo XX e inicios del XXI, lugar de migraciones internas y externas, se rearticula en sus palabras. La prosa traviste la turística Carita de Dios y revela bares, saunas, discotecas. Y como en otras descripciones letradas de la vida travesti/trans[63] el parque se convierte en espacio contradictorio de libertad y opresión.

Es en estos espacios, y a través de personajes individuales que son parte de una compleja comunidad, que se emprenden acciones económicas, legales y simbólicas para seguir adelante; acciones colectivas que buscan un beneficio político y que irán encontrando un espacio en la ética y práctica de los derechos humanos, gracias a aliadxs clave que acompañan el trabajo político de la comunidad. A diferencia de escritos de voces disidentes del género que hoy se basan en innovadoras terminologías (performatividad, identidad de género, cisgénerico) el texto de Purita se caracteriza por usar un discurso afincado en los derechos humanos. Su lectura me ha hecho recordar formas de hablar y de posi-

63. Por ejemplo, *Las malas* (Camila Sosa) y *Escenas Catalanas. Errancias antropológico-sexuales* (Frau Diamanda).

cionar subjetividades y temas que habitaban mi juventud. Una suerte de mapa del tesoro guardado en una botella que sirve para comprender las formas de expresión colectiva en un momento determinado y crítico de la historia, a pesar de estar redactado el día de hoy.

En este sentido, el convite a conocer la historia travesti, trans y homosexual no solo tiene una *testiga* proba, hechos trascendentes que deben reconstruirse y que incitan a la construcción de la memoria, impronta de denuncia contra poderes del Estado; sino también un *registro propio* que mezcla la dignidad y la inflamación, desde una mirada que recompone la inocencia y la tranquilidad arrebatadas. Texto que en su estructura y también en sus dos ediciones pide audiencia, llama la atención del derecho y de la literatura. Y que invita a pensar el testimonio latinoamericano también desde sus rupturas y ejercicios de travestimiento.

Queda pendiente entender si desde el derecho este testimonio que ha transitado entre lo literario y lo jurídico va a tener mayor impacto. Su forma de representar la historia de discriminación y las negligencias estatales podrían activar a los sistemas nacionales y regionales de derechos humanos. No sería la primera vez que las afectaciones mostradas en el texto literario puedan ayudar a juecxs a entender mejor las violaciones de derechos humanos.[64]

2. REFUNDAR LA CONSTITUCIÓN DESDE LA DIÁSPORA SEXODISIDENTE Y TRANSNACIONAL

El inicio del siglo XXI vio grandes migraciones desde países latinoamericanos a Europa y Estados Unidos. Una de esas migraciones ha sido a España, proveniente de la zona de los Andes. El principal relato de esta migración, desde los años finales del siglo pasado, se ha

64. He trabajado este tema en un artículo sobre Jorge Galán, Graciela Bialet y Juan Gelman (Falconí, 2021).

basado en la situación económica precaria e inestable de los países de origen, contrapuesta a la prosperidad hispana, devenida de la vuelta a la democracia, la entrada a la Unión Europea y la articulación de un estado de bienestar.

No obstante, la mayoría de las personas que, por ejemplo, iniciaron la *gran migración* desde Colombia y Ecuador hacia España fueron mujeres, muchas de ellas racializadas y de la clase trabajadora, que dejaron sus países de origen por la crisis económica de finales del siglo pasado (Pedone, 2006; Bedoya, 2012). Esto ocurrió, tal como expliqué en el capítulo III, porque debido a las redes de cuidado transnacional, *ellas* pudieron trasladarse y, sobre todo, permanecer en Europa por la creciente necesidad de agentes cuidadores para las personas de la Península; todo esto enmarcado por imaginarios en torno al servicio del cuerpo blanco y europeo. De hecho, el rol de muchas mujeres se duplicaba al realizar cuidados transnacionales de sus familias de origen y con personas en la sociedad de destino (Herrera, 2013). Esto permitió variar el relato para comprender que esta no es solo una migración de clase sino de género, a la que se añade la colonialidad, pues las estructuras Norte/Sur mantienen prácticas de traslado corporal hasta la actualidad (Pujadas y Majal, 2002; Esguerra Muelle, 2014) y crean imaginarios simbólicos diferenciados, para perpetuar una mirada de lo andino vinculado al retraso (García, 2006, p. 101)[65].

Gracias a la perspectiva anticolonial e interseccional del género se ha abierto la posibilidad de entender otras subjetividades en el estudio de las migraciones. Entre otras, las personas sexodiversas y sexodisiden-

65. Menciona Paola García que los imaginarios que se construyen de ciertas migraciones latinoamericanas andinas, a diferencia de aquellas del Cono Sur, son diferenciadas y no hablan de cuestiones económicas y políticas, como las crisis, y que se interpretan "más bien como estructural. Es decir, que no parece estar ligado a una situación coyuntural desfavorable, sino que se interpreta como un fenómeno social característico de un país 'pobre' y 'subdesarrollado', imagen que parte de la opinión pública española" (2006, p. 101).

tes andinas, quienes se trasladaron a España en medio de algunas crisis en la región, con la promesa de mayor acceso de derechos vinculados al ejercicio del cuerpo y de la sexualidad en la Península; aunque debiendo enfrentar una serie de discriminaciones de raza, clase y colonialidad en el espacio europeo, que impiden, nuevamente, tener un relato uniforme y absoluto respecto a las plurales migraciones, sino aportaciones que complejicen la producción de las subjetividades migrantes contemporáneas (Appadurai, 2001, pp. 7-9).

Justamente, desde una perspectiva anticolonial e interseccional del género me parece que ciertas personas sexo-disidentes latinoamericanas o que migraron a España y encontraron en la escritura una herramienta de denuncia, no solo resignificaron las narrativas nacionales sino a la propia escritura testimonial y las plataformas de su escritura, desde imaginarios transnacionales en la convulsa era del capitalismo postindustrial.[66]

En esta línea, la aparición de proyectos de formación escritural migrante latinoamericana en España, tales como *Historias migrantes* (del Colectivo La Quinta Pata), *En Palabras – Historias migrantes* (del Colectivo En Palabras); *Talleres67* (del Colectivo Ayllu); o *Consti-tución re-pública rarita* (de Proyecto la república rarita) permiten ver la necesidad de que la escritura con afán documental y de enunciación de subjetividades que no han tenido la palabra (o mejor, que no ha podido usarla en un determinado sistema cultura) sean parte del imaginario nacional

66. Cabe señalar, que las formas testimoniales sexo-disidentes se nutren de otros insumos contemporáneos: el auge de la narrativa del yo, la necesidad crónica de habitar la autoría, la impronta de novedosos discursos reivindicativos y el aparecimiento de nuevas tecnologías que posibilitan el registro. Y que, desde luego, tensionan visiones más tradicionales de lo que un testimonio debería ser.
67. Que usaban formas tradicionales y no tradicionales de escritura. Por ejemplo, el de escritura de memes antirracistas, afincado en el meme, plantilla perteneciente a la cultura popular.

español en la segunda década del siglo XX. Estos proyectos, herederos de la tradición testimonial latinoamericana, también han incorporado la escritura de personas sexo-disidentes para hablar del *sexilio* como motivo migratorio fundamental en la Península. Al ser espacios de construcción testimonial que han producido un sinnúmero de textos, han reconfigurado la memoria de los años de migración y resignificado los lugares de producción del conocimiento para contrarrestar *la colonialidad del saber.*

De todos estos proyectos hay uno que especialmente me parece que reactiva la relación entre derecho y literatura, pues intenta reescribir acontecimientos que ocurren en ambas regiones permeados por el discurso de la ley y dando cuenta de la vida de las personas a quienes esas normas afectan. Me refiero al proyecto La Re-pública Rarita y el documento *Consti-tución re-pública rarita*, dinamizados y sistematizados por Diego Posada, artista bogotano sexodisidente, radicado en España.

Posada es un artista, curador e investigador vinculado a procesos de arte comprometido, tal como él mismo apunta:

> el foco de mi práctica artística ha sido la guerra como modo de gobierno, marco contenedor y productor de los discursos de la nación colombiana y los cruces de ese marco bélico-cultural con las disidencias sexuales. Migré a España en 2015, donde me he enfocado en la investigación artística, en las epistemologías disidentes (Posada, 2021, s.n.)

Con una ética cuidadosa y un ejercicio que da la bienvenida a extranjerxs y extranjerizadxs, su trabajo, entre otros, se centra en historizar políticamente las migraciones sexodisidentes en Barcelona ("Re-tratos partidos / diásporas nefandas"), en el uso crítico de las tecnologías ("Sujetos legibles, sujetos ilegibles. Una guía paso a paso [el género histérico]") o en la denuncia de la violencia contra la infancia y adolescencia sexodisidente, especialmente de casos complejos con vinculación a negligencias del sistema educativo, como el suicido del joven marica colombiano Sergio Urrego (Posada, 2019). En el caso del trabajo que analizo, Posada fue el convocante, moderador y sistematizador, pues este es un escrito de índole comunitaria redactado por la Constituyente Re-pública Rarita, grupo de personas sexodisidentes "mayoritariamente sudacas migradas, aunque también algunas de España" (Posada, 2021, s.n.) que tuvieron seis encuentros en Barcelona, en el espacio La Escocesa, entre junio y julio de 2018, y uno en Bogotá, en marzo de 2019. En estos encuentros se ejercitó la imaginación política encarnada, como forma de respuesta a ciertos discursos y estéticas opresivas, los cuales esconden complejas ideologías.

Esta propuesta, que no busca que el dispositivo estético permanezca en el museo o en un espacio de apreciación burguesa, y que tampoco busca perpetuar un lugar de autoría en soledad, se vincula a formas de protesta en una larga y difícilmente abarcable genealogía en América Latina de la sexodisidencia, en la que algunos ejes son las Yeguas del Apocalipsis, el Museo Travesti del Perú, Mujeres Creando o el Grupo Chaclacayo y tantos nombres que forman constelaciones en sus países de origen así como en la diáspora.

Cabe, antes de continuar con el análisis del texto y de la autoría, detenerse un segundo en la teorización de Robin West, quien desde los estudios de derecho y literatura, ha propuesto la existencia de una "comunidad de textos" que es, a breves rasgos, la materialización de pactos y compromisos comunitarios (West, 2015, p. 76). Así, un archivo de textos literarios (compuesto, por ejemplo, por novelas, poemas, ensayos críticos) coexiste con otro análogo de textos jurídicos (que posee leyes, sentencias, doctrinas, por mencionar algunos) y ambos, a través de la escritura, van modulando ciertos valores sociales compartidos. Esto, además de reflejar la prominencia de una cultura letrada, subraya la interacción inevitable y continua entre los fenómenos legal y literario para la configuración social.

Ambas comunidades textuales, la literaria y la legal, necesitan de "una cuidadosa crítica, interpretación, lectura y relectura de textos jurídicos y literarios", al final del día, permite articular en la realidad material "mejores comunidades" (West, 2015, pp. 76, 79).[68] Esto con el fin de poner en cuestión la estricta división disciplinar entre el derecho y la literatura (y sus a menudo alejados repositorios). Esto ayuda a que ciertos contenidos teóricos, éticos y políticos dialoguen de modo más amplio; también permite pensar en nuevas formas metodológicas que enriquezcan el debate académico, la labor interpretativa y su transferencia en la sociedad.

En este sentido, cabe señalar que si bien la especialidad jurídica y aquella de las letras tienen métodos y especificidades, en el campo de los derechos humanos, que es el que ocupa a este texto, la existencia de ciertos escritos híbridos que transitan entre el archivo legal y el literario puede llevar a usos hermenéuticos liminares que se vuelven productivos. Tanto para la búsqueda de reparación de ciertos derechos violentados, como para la reflexión sobre el funcionamiento de los organismos centrales del Sistema Internacional de Derechos Humanos, el uso de ciertos textos fronterizos y el modo de acercamiento transdisciplinar para analizarlos es importante.

A la luz de lo dicho por Robin West, considero que la *Consti-tución re-pública rarita* (en adelante *Consti-tución*) es un escrito que se ubica en una categoría de textos jurídico-literarios que ayudan a ese diálogo textual y comunitario, además con una impronta de denuncia testimonial. No es un texto literario tradicional (una novela o un poemario) y tampoco un texto jurídico (una Ley o un texto doctrinario), sino que es un texto experimental que, desde el campo artístico-literario, toma determinadas formas de codificación jurídica para vincular a ambos campos del saber. Escritor experimental que, nuevamente, puede sumarse a una tradición de textos híbridos que, por el poderoso registro latinoamericano, descolocan la idea de pureza.

68. La autora habla de "comunidades interactivas" a aquello que aquí se nombra como comunidades humanas.

La *Consti-tución* es un dispositivo de arte comunitario, vinculado al activismo artístico (Pérez Balbi, 2014), el cual ha cobrado mucha fuerza en el Reino de España, y específicamente en la Comunidad Autónoma de Cataluña en los últimos años, por parte de personas y colectivos antirracistas, anticoloniales y de la disidencia sexual, vinculados a plataformas de arte y escritura contemporánea. En forma de fanzine, este documento parodia las constituciones, textos fundantes de la legalidad y la política estatal, para potenciar acuerdos desde ejercicios ciudadanos que se focalizan desde/en el cuerpo. El valor de este escrito radica en hacer una defensa política y poética en la que dialogan sexodisidencia y anticolonialidad desde estrategias diaspóricas, fronterizas y creativas, lejanas al discurso *mainstream* LGBTIQ+ que se ha nacionalizado y globalizado perdiendo parte de su poética de denuncia. Asimismo, como testimoniar no solo la vida de personas que se marcharon debido a sexilios, sino las formas de resistencia que han tenido para pensarse fronterizamente entre (al menos) dos países.

El preámbulo de este documento explica el detonante de su creación: la *ideología de género*, concepto y práctica transnacional que caricaturiza y combate de modo estructurado y violento las aportaciones feministas, sexodiversas y sexodisidentes que cuestionan el *status quo*; y que analicé ya en el capítulo II. Sus propulsores en América Latina contribuyen —de acuerdo con un estudio regional extenso, el cual fue realizado en varios países por varias personas pertenecientes a la comunidad académica y a organizaciones sociales (Gil Hernández, 2020)— al deterioro de la democracia y la participación, debido a su deseo de eliminar derechos y porque piden docilidad a las voluntades ciudadanas. Este es un *modus operandi* basado en una lógica neoliberal que sigue el modelo de gobierno pastoral, que explica la agenda común que las religiones evangelistas y católica han formado por medio de partidos conservadores en la región. Cabe añadir que este concepto y práctica, con poco contenido académico y que desdeña del género como categoría analítica, ha tenido impacto en la composición de los órganos legislativos y de gobierno y, por tanto, ha perjudicado los derechos de personas sexodiversas, sexodisidentes y mujeres.

La *Consti-tución* parte de ubicar los discursos de *ideología de género* en Colombia a partir de la victoria del "No" en el plebiscito sobre los acuerdos de paz de 2016 que, por medio de una consulta popular, intentaba dar un nuevo curso a la larga narrativa de violencia en el país. La campaña del "No" tuvo un eje discursivo fundamental "que acusaba al Acuerdo de incentivar una 'ideología de género' que generaba grandes resquemores entre colectivos religiosos" (Rodríguez Pinzón, 2017, p. 178), por tener un enfoque transversal de género (Vargas y Díaz, 2018). La homosexualización y transexualización de la niñez fue uno de los mensajes que generó más miedo en parte de la ciudadanía, lo cual permite entender estrategias de comunicación astutas que buscan seguir otorgando a personas sexodiversas y sexodisidentes el lugar del no futuro, analizado en el capítulo anterior, y que otorgan una ciudadanía incompleta, fomentando la violencia contra sus identidades.

La Re-pública Rarita toma el caso de Colombia para luego extender su reflexión político-artística a América Latina y España. De este modo, si la *ideología de género* se construye de modo transnacional, también transnacional debe ser la protesta y quienes ayudan a redactar el documento. A partir de ciertas deliberaciones la Re-pública Rarita expide un breve pero poderoso repertorio de cuatro títulos (que bien podrían ser los títulos de las secciones de una constitución legal o un código). Una suerte de posible carta de navegación sexodisidente para estos años:

1. La defensa de las *vidas raritas*, especialmente la de "niños, niñas, niñxs"
2. La desheterosexualización y la desgenerización del gobierno
3. El desborde del erotismo, pensado más allá de la genitalidad
4. La socialización de los medios de re-producción, que deben ubicarse fuera del heterosexismo capitalista

La *Consti-tución* pone a la niñez como central, no solo por tener esta un interés superior en el lenguaje de los derechos fundamentales (tal como analizamos en los capítulos II y III), sino porque las iniciativas mencionadas han articulado lemas como "Con mis hijos no te metas", que se extienden por América Latina, usando al niño y a la niña como símbolo del futuro y a las personas sexo disidentes como el no futuro, por su incapacidad de procreación "natural". Esto es problemático, pues aparta a la niñez trans y no heterocentrada (Wayar, 2019, p. 18) del principio de interés superior, y porque se mantiene en el imaginario del devenir regional las fálicas y limitadas ideas del sexo cisheteronormado y de la reproducción "natural" que siguen nutriendo historias literarias y códigos civiles.

La *Consti-tución*, y siguiendo la idea ya analizada de Edelman del *no futuro* en el capítulo precedente, si bien critica la representación utilitaria y macabra de la niñez, asume formas responsables, placenteras y sociales de protección para ella. Y es que iniciativas como "Los niños tienen pene, las niñas tienen vulva. Que no te engañen", promovida por la organización de extrema derecha española Hazte Oír, ha llegado también a América Latina y requiere formas políticas y poéticas de resistencia desde quienes pueden estar en España y, de algún modo, también en Colombia y la región.

Siguiendo este pensamiento, en la *Consti-tución* el concepto *ideología de género* no es coyuntural o nacional, sino que "se construye en las bases de un viejo y poderoso dispositivo de la teología cristiana inventado en el siglo XII: la sodomía" (2020, p. 2). Esta genealogía, que yo también busqué rescatar en el capítulo anterior, crea vínculos históricos e internacionales sin basarse en el hispanismo-hispanoamericanismo, supuesta hermandad de lengua y cultura, que esconde el deseo de tutela hispana sobre sus ex-colonias (Bustos, 2007, pp. 116-117), así como presupuestos racistas y clasistas. Por el contrario, articula pactos estratégicos contra discursos globales violentos que atacan sobre todo al Sur, aunque con una histórica responsabilidad del Norte. Por medio del control de formas de producción y de reproducción que son manejadas por fuerzas económicas, denominadas "empresarios de la moral", en el documento se subraya cómo el neoliberalismo es "heredero de la *razón* escindida del cuerpo de la tradición cartesiana" (2007, p. 2), por lo que se enuncia la necesidad de salir del proyecto eurocentrado que roba emociones al acto de pensar políticamente, y que esconde modos de redacción incorpóreos y que se desentienden de la alteridad.

En este momento es importante hacer una reflexión sobre el pensamiento de Jean-Jaques Rousseau, átomo filosófico de la ingeniería constitucional, para entender mejor la propuesta decolonial de la Re-pública Rarita. El filósofo francés, a través de su idea de *contrato social*, proponía un pacto colectivo en el que las personas decidieran voluntariamente convivir, entregando parte de sus libertades a cambio de obtener seguridad. Él también señala que el pueblo es "una multitud ciega que a menudo no sabe lo que quiere, porque raras veces conoce lo que le conviene" (Rousseau, 2008, p. 66), afirmación que sugiere la necesidad de cohesión social, aunque acompañada de una desconfianza a cierto desorden que el conjunto de cuerpos puede causar. Siguiendo la lógica de otros de sus escritos ("El levita de Efraín" y *Ensayo del origen de las lenguas*), en el momento de deliberación constitucional (aquel periodo que precede al contrato social) está también presente una idea de control violento de los cuerpos de mujeres emancipadas y personas sexodisidentes (Falconí Trávez, 2016) lo que, adicional a ratificar la idea de que el pacto fundamental de las sociedades occidentales está dado por el patriarcado y la heterosexualidad (Wittig, 2005), permite vislumbrar la lejanía y la jerarquía corporal. La asamblea constitucional, siguiendo este sentir, se concibe como un espacio racional, aséptico, ordenado, reducido y controlado por la moral tradicional.

Para la Re-pública Rarita, en cambio, son la carnalidad, las emociones, la distensión y las prácticas disidentes los elementos centrales en el texto paraconstitucional y en su proceso de redacción. Es decir, que la desprivatización del cuerpo es una reflexión encarnada en los inseparables fondo y forma que describen el proceso de escritura. Es aquí donde el carácter testimonial cobra más importancia, pues ese relato de cómo se ha vivido la vida migrante sexodisidente aparece en este documento.

Cabe añadir, que el testimonio cobra un matiz de juego y de reconstrucción del cuerpo no normativo, por lo que el tono usado para dar cuenta de estos procesos lejos del dramatismo, busca ser lúdico.

El *modus operandi* de la Constituyente Rarita fueron los *encuentros-onces*. Las onces son reuniones colombianas ("la once" en Chile o "el cafecito" en Ecuador y Bolivia) que tienen carácter doméstico y a media tarde, en las cuales las personas invitadas son familiares o gente cercana, que, mientras ingieren bebidas, como té, chocolate o café, y comidas ligeras, como sánduches o pastas, buscan la conversación en medio de un ambiente distendido. Estos espacios, que hablan de un modo de sociabilidad que podría pensarse desde la reciprocidad urbana en los Andes[69], se reinventan en Cataluña para fomentar la experimentación corporal de personas sexodisidentes.

En las onces-constituyentes se hicieron talleres para aprender a preparar *arepas raritas* (tómese en consideración que la manera peyorativa de llamar a las lesbianas en Colombia o Venezuela es "arepera"), lubricante íntimo casero y *plugs* anales, intentando no separar los espacios del alimento y la exploración sexual. Todo esto mientras se discutían temas y acciones corporales que no solo se plasmaron en la escritura del texto sino en sus enmiendas. Este es un caso de encarnación del pensamiento que se aleja de los ideales y formas propuestos por el higiénico Rousseau, que tenía otra percepción del cuerpo. Tómese como ejemplo una acción en la cual se busca pensar los símbolos patrios desde la desheterosexualización y que está en la *Consti-tución*:

> En principio los plugs anales serían material para realizar colectivamente los símbolos patrios de la re-pública rarita. Pero durante los encuentros-onces de

69. La reciprocidad urbana es una modificación del principio nativo de reciprocidad en los Andes. Forma de negociar el poder desde fórmulas de cortesía que lidian con la verticalidad relacional de la zona. He trabajado más a fondo este tema en la sexodisidencia andina en el libro ya citado, *De las cenizas al texto. literaturas andinas de las disidencias sexuales en el siglo* XX (2016c).

> nuestra constituyente concluimos que los símbolos, las banderas, los himnos, las patrias y por supuesto los plugs nos los metíamos por el culo … de ahí surgió la idea de conectarnos a los plugs y realizar una caminata colectiva por la ciudad sin un rumbo preciso. Lo imaginamos como una forma de trazar nuestro territorio … modo rarito de andar que colectivizaría una forma de erotismo no genital. Un intento de socializar el primer órgano en ser privatizado y utilizado como modelo de privatización: el ano. (Posada, 2020, p. 13)

Las metáforas masculinas y heteropatriarcales violentas que miran al ano como peligroso ("meterse algo por el culo"), y que abordé en el capítulo anterior, se resignifican y se vinculan al debate y a la práctica escritural dignificante de las identidades sexodisidentes en búsqueda de derechos. Así, el espacio para hablar de algo tan serio como la vida-muerte sexodisidente, el futuro, los pactos mínimos, la política migratoria violenta, se articula desde la posibilidad lúdica, placentera y estética (los *plugs* pueden, en efecto, ser traducidos al castellano como "juguetes sexuales", "colas de zorro" o "joyas anales"). Así, el ano silenciado, símbolo carnal del sexo no reproductivo para el proyecto cristiano que legitima la colonialidad, se recupera como fuente de placer e inspiración, potencia erótica que devuelve deleite y, nunca mejor dicho, *profundidad* a la reflexión política.

Esa metodología que pone al cuerpo a moverse, interna y externamente, en el proceso de la escritura permite una fluidez que desarma jerarquías dicotómicas de la política: público-privado, racionalidad-sexualidad, seriedad-juego, profundo-superficial, aquí-allá, cuestionando el paradigma binario eurocentrado, no solo desde el género, sino desde la práctica decolonial.

Desde luego, este cuerpo en movimiento también habla de una escritura diaspórica que no se queda en la comodidad de lo estático sino en la apuesta dinámica. La complementariedad como modelo de confluencia y potencialidad de opuestos y no como oposición jerárquica binaria (Walsh, 2015, p. 176) es llevada por Posada desde los Andes colombianos a Barcelona para hablar de realidades transnacionales que buscan realizar un cuidado erótico.

Hay en esta descripción de cómo se realizó la *Consti-tución* y de cómo los cuerpos se movieron un alto valor performático y teatral que, de hecho, es parte de la reflexión entre el derecho y la literatura, específicamente desde el teatro. Al respecto, Peter Goodrich señala que "en la competencia entre el teatro y el derecho, su desafiante semejanza, su forma y función en común. Es la proximidad de los géneros la que genera su excesiva hostilidad" (2015, p. 119). Aunque Goodrich no habla del ejercicio deliberativo constituyente, sí habla de la práctica judicial en la que "los abogados, los primeros *actores*, como Cicerón los llamaba, eran entrenado en el arte de la persuasión, en el arte de comparecer con éxito ante los jueces y jurados locales" (2015, p. 117). La Constituyente Rarita, a través de todos sus ejercicios performáticos (hacer arepas, fabricar gel íntimo, andar con los juguetes sexuales por la ciudad, etc.) resignifican ese acto constitucional que raramente ha incluido a personas sexo-diversas y sexo-disidentes, y cuando lxs ha incluido ha sido desde el paradigma racional de mente sobre cuerpo, articulado por Rousseau.

Cabe añadir, que, fijándonos en lo lingüístico, con su práctica disidente y anticolonial la Constituyente Rarita además instaura un léxico y una estética desarrollados por una comunidad lingüística en práctica, lo cual revela un enorme potencial estético e histórico. La *Consti-tución*, por ejemplo, reescribe no solo el contenido de los artículos constitucionales sino la propia palabra *artículos* que deviene "arti-culos". Asimismo, se usa un verbo: *arepear*, que funciona polisémicamente tal como comenté líneas atrás. También, para mencionar al movimiento *ideología de género* se usa "I-D-G®" y, para aquella niñez imaginada, heterosexual y asexual se usa "El Niño®", como marcas registradas, dando cuenta del neoliberalismo y la lógica de la patente inserta en sus propuestas. Se trata de un repertorio de acciones, ideas y subjetividades que dota de un lenguaje y de una poética a esta comunidad rarita, politizando una reflexión de-por-hacia los cuerpos sexodisidentes. Que además hace críticas sutiles a la RAE, espacio normativo de la lengua española, para pensar el idioma desde una perspectiva que reconfigura el género.

A eso se suman otros elementos característicos del escrito analizado, el fanzine: formas tipográficas, fotografías, ilustraciones e incluso las mencionadas recetas, que crean un documento con impronta propia y compartida, que deja una sensación de intimidad y desborde en el texto, de que la palabra por sí sola es insuficiente para comprender la narrativa de ciertos cuerpos, ejemplo de una escritura escindida.

Por ello, la *Consti-tución re-pública rarita* de la Constituyente República Rarita es un documento artístico-literario que da cuenta de los mecanismos de denuncia y producción artística sexodisidente y anticolonial, para incidir en las políticas de género globales desde lógicas andinas. Es un documento desplazado que sin buscar ser representativo de toda la migración sexodisidente convoca a muchas personas con un movimiento firme y coqueto, que modifica el qué y el cómo en la reflexión política, y que tiene un posible impacto en múltiples territorios.

Esta suerte de manifiesto literario, que da importancia tanto a lo dicho cómo al proceso que construye ese decir (desde el hacer corporal), en suma, entra a debatir los significados políticos comunitarios desde un texto liminar, una forma *rarita* del testimonio, recuerdo de la potencia de la reflexión jurídico-literaria en la actualidad para repensar el valor de los derechos.

Me parece que su mayor valor, no obstante, es el de traer imaginarios sexodisidentes y migrantes a la imaginación política, en una época de refundación normativa en varios países de la región (Chile o Colombia, en el actual 2022). Repensar *qué* y a *quién* protege la constitución, y a quién está obligando un Estado a desplazarse por su falta de derechos en el país de origen, lo convierte en una forma contemporánea de testimonio de quienes no han podido estar en la escritura de documentos fundacionales.

3. EL VALOR DEL TESTIMONIO SEXODISIDENTE

El caso de Purita Pelayo y de Diego Posada, como figuras centrales de las formas testimoniales analizadas, dan cuenta de textos que se escriben más allá de la lógica autoral individual y muestran las peripecias y formas de resistencia que buscan interpelar al derecho.

En el caso de la primera, a través de interpelar directamente al sistema de justicia desde un relato descarnado y violatorio de derechos humanos. En el caso del segundo, desde un texto híbrido, paródico y desplazado que ayuda a repensar los textos constitucionales y su desapego a ciertas corporalidades que históricamente no han sido parte del debate constituyente.

De cualquier forma, ambas autorías y textualidades, ensamblan el poder y la trascendencia de la plantilla testimonial en la tradición literaria y jurídica en América Latina. Y dan larga vida a esa forma textual tan compleja y con tantas voces y registros.

4. NECESARIO ANEXO: LOS TESTIMONIOS SEXODISIDENTES INDÍGENAS Y AFRODESCENDIENTES

Comenzaba esta monografía dando cuenta de cómo el libro atrapó y subalternizó a las subjetividades nativas; y posteriormente, me atrevo a decir, lo hizo con las subjetividades afrodescendientes, todavía más oprimidas en la pirámide de castas colonial.

Por esto, no podía terminar esta sección sin al menos poner en valor algunas de las producciones testimoniales nativas y afro latinoamericanas que, *in situ* o en la diáspora, pueden hoy, desde el discurso letrado, enunciarse a partir del amplio y cambiante género testimonial. Sin poder abarcar a todas ellas en este modesto estudio, menciono a Sebastián Calfuqueo o Lukas Avendaño, quienes desde el arte comprometido hablan de las comunidades mapuche y muxe respectivamente, intentando traducir lo que hoy asumimos como sexodisidencia, y que ha estado presente en sus culturas, a pesar del colonialismo, o a Mujeres Creando y la Comunidad Mujeres Creando, quienes a través de múltiples textos han permitido entender, desde plantillas testimoniales, la vida y resistencia de las mujeres aymaras, varias de ellas lesbianas. Asimismo, deben resaltarse los testimonios del maya k'iche Fernando Us y del lenca Gaspar Sánchez, que problematizan la vida gay y marica en las comunidades nativas en Centroamérica[70]. Además de esos testimonios anónimos de personas que sobrevivieron a las torturas de las llamadas clínicas de homosexualización; por ejemplo, el de Miau, mujer afro y trans, que en *Retratos del encierro, sobrevivientes de las clínicas de deshomosexualización*[71], da cuenta de múltiples violaciones denigrantes que, nuevamente, intersecan matrices de opresión. O las formas testimoniales de Yos Iki Piñas, quien, desde la diáspora de Abya Yala en España, retrata la vida afro y su precarización en Venezuela, Argentina y la Península. Todas estas voces, que hoy también devienen en autorías, merecen estudios a profundidad que permitan ver el cambio de *locus* testimonial. La importancia de incluir a sus voces, más allá de un gesto políticamente correcto, radica en el entendimiento de sus registros como interpelaciones éticas y estéticas hacia las comunidades literarias y jurídicas, las cuales han sido parte de la falta de acceso a varios derechos fundamentales.

70. Dos de sus testimonios están recogidos en el libro *Inflexión marica. Escrituras del descalabro gay en América Latina.*

71. El libro es de 2017 y editado por el Equipo de Taller de Comunicación Mujer.

EPÍLOGO. Repensar las masculinidades desde el género, la literatura y el derecho

"El retorno", relato corto del autor chileno Roberto Bolaño, es una interesante entrada (o salida, como quiera verse) para el análisis desde las masculinidades. En el cuento, el protagonista es descrito como un hombre divorciado de mediana edad, buen lector, de la clase media, que estudió empresariales y al que no le gustaba el cine hollywoodense. Una noche, en la pista de baile de una discoteca y mientras coqueteaba con una chica, muere de un ataque cardíaco por no escuchar a su doctor al mezclar la bebida con el baile. Sin embargo, el hombre atestigua, tal como pasaba en la "película *Ghost*" —film que a él le desagradaba por ser "superficial y nada creíble" (2006, p. 327)—, cómo su alma queda viva mientras su carne muere. Así, su espíritu (la voz narrativa) acompaña a su corporalidad (que es y ya no es parte del protagonista) con la dificultad de que el fantasma (tal como sucede en el film) no puede comunicarse con nadie. Esto le permite vivir una serie de peripecias: la desaparición de su cuerpo durante unas horas; la amenaza de una violación; la decisión de quedarse a vivir con otro hombre, aunque él sea heterosexual y el otro homosexual (y necrófilo); la evocación de la mujer y los errores que cometió con esta y otras mujeres. Curiosamente, nuestro protagonista, y aquí está la asertividad e ironía del relato, entiende por primera vez las aventuras y vulnerabilidades de la carne al quedarse sin cuerpo, mecanismo "superficial y nada creíble" que lleva al límite su condición humana.

Esta paradoja, la de ser hombre y "no necesitar" de un cuerpo hasta que se necesita, es explicada académica y vivencialmente por Michael Kimmel, teórico de las masculinidades. Él describe un momento fundamental de su juventud, en los años 80, cuando en las universidades estadounidenses, el feminismo empieza a cuestionar los paradigmas patriarcales en la academia. Específicamente, él asiste a un seminario sobre feminismo en el que era el único hombre; un hombre cis, blanco, heterosexual y estadounidense, además. Mientras en un debate, dos de sus compañeras, un blanca y otra afrodescendiente, decían que lo primero que veían en el espejo es a una mujer y a una negra, respectivamente, cuando le preguntan a él que veía él responde: "Yo veo a un ser humano [...] disfruto del privilegio de la invisibilidad" (2005, p. 5). Luego el autor reflexiona y apunta que "la invisibilidad reproduce la inequidad" (2005, p. 6).

En términos jurídicos, el joven Kimmel el día del seminario entiende por primera vez que tiene una subjetividad legal. Esta se construyó durante siglos, desde que en el derecho romano se instaura la categoría de *persona*, que hacía que un sujeto fuera universal al tener ostentar los derechos, y no pudiera comprender la vida carnal que habitaban mujeres, extranjerxs, niñxs personas intersex o con discapacidad, que no poseían ni la misma personalidad legal ni los mismos derechos. Igual que lo que sucede con el protagonista de "El retorno".

Como he abordado en otro lugar (Falconí, 2012, pp. 37-49), en el derecho romano la palabra *persona* literalmente significaba *máscara*; préstamo intertextual del teatro griego para dar cuenta del rol y la voz que el cuerpo podía/debía performar en el derecho. Para que alguien fuese consideradx *persona* debía cumplir con los requisitos de libre, ciudadano y *sui juris*. Es por eso que la persona, por *defecto*, era el *pater familias*, descripción que definía a un hombre que era esposo, padre, propietario, nacional, independiente, etc. La personalidad le permitía ser el único sujeto pleno de derecho. El resto de cuerpos, a decir, mujeres, hijxs, esclavxs, extranjerxs, eran personas pero con la limitación de su capacidad; cuerpos con medias máscaras, en el mejor de los casos. Así, los derechos no le correspondían a la carne ni al ser humano, sino a ese artefacto jurídico-literario, la máscara legal, símbolo de la representación y del poder en el sistema jurídico. La máscara otorgaba privilegios de modo desproporcionado a los diferentes cuerpos, creando una jerarquía en la que mientras más derechos se poseía más universal y menos expuestx a las supuestas nimiedades de la carne se estaba.

Gracias a las luchas activistas feministas, sexodiversas y sexodisidentes; a las varias y complejas articulaciones de género en la academia; y al avance de derechos, propiciado por personas políticamente articuladas y que están vinculadas al mundo legal, es posible afirmar que esa masculinidad hegemónica, la del *paterfamilias,* que en su éxtasis fue conquistando territorios y volviéndose más inmaterial, más universal y más persona, y apuntalando la idea de que trascendería la carne y la vida corporal, hoy está en crisis.

Empecé este libro diciendo que me centraría en las acciones de resistencia de autorías y personajes femeninos, sexodisidentes y sexodiversos; y que no hablaría de personajes masculinos ni de sus épicas o existencialismos centrados en la vida pública *del hombre*. Por ello, Atahualpa, el señor K y sus contrapartes no han sido el centro de mis reflexiones. Sin embargo, algunos personajes masculinos han aparecido, inevitablemente, como actantes antagonistas. He examinado a aquellos hombres defensores del canon literario que aprovecharon su lugar para señalar el lugar de la mujer en la construcción nacional; y a aquellos que desde la sombra ejercían violencia escritural. Y también a esos que dentro de la propia familia disciplinaban a la niña lesbiana, insumisa ante la injusta normativa; y que luego, fuera del hogar, violentaban su cuerpo. O a esos personajes de hombres diligentemente heterocentrados, agentes oficiosos, estudiantes de medicina o galenos practicantes, que buscaron aniquilar al cuerpo marica, trans o seropositivo. O a aquellos, que con sevicia disciplinaron al cuerpo travesti y hoy, desde el combate a la mal llamada *ideología de género*, obligan a millones de personas sexodisidentes a perder derechos que, en algunos casos, llevan a *sexiliarse*.

No obstante, en esta crítica contra el patriarcado, simbolizado por estos personajes masculinos, es vital empezar a hablar de las nuevas formas de masculinidad para que la literatura, el género y los derechos humanos, ayuden a repensar algunas normativas que son parte del ordenamiento legal y de la cultura.

Es importante pensar que el hombre no es una identidad moral. Hay hombres gays y maricas, hombres con discapacidad, hombres indígenas, afro y racializados, hombres trans, cuyas vidas están marcadas por intersecciones del privilegio de la opresión (algunxs de los cuales han estado en las páginas de este libro). Esto no quita que haya una construcción modélica y hegemónica de la masculinidad (Connel, 1995), la cual, por normativas sociales y legales, impide a la mayoría de los hombres ser padres con la misma intensidad que las madres; los expone a un tipo particular de violencia; les exige alejarse de sus emociones, entre otras afectaciones. Sin embargo, y a diferencia de lo que ha sucedido con los activismos feministas, sexodiversos y sexodisidentes, no hay un movimiento global de hombres buscando repensar sus privilegios, precisamente porque el privilegio es invisible para quien lo tiene. De hecho, en esta época de cambio de paradigmas de género, por todas las reivindicaciones que se han hecho cuestionando estas desigualdades e invocando al cuerpo como el medio fundamental de la vida social y jurídica, aquella masculinidad hegemónica en crisis, hoy se debate entre reafirmarse violentamente o reinventarse para vivir en un mundo menos injusto.

Las reflexiones que quieren desmontar el mandato de la masculinidad y sus *pedagogías de la crueldad* (Segato, 2018, pp. 40-41) y que buscan hacer reconciliar al hombre cis heterosexual con la vulnerabilidad de su carne y con una ética de la precariedad (Butler, 2014), serán fundamentales para repensar sus proyectos de vida personales, sus relaciones humanas y sus implicancias en el ejercicio pleno de los derechos en todas las *personas*. Así como para incluir personajes, tramas y focalizaciones que representen formas-otras de masculinidad.

Nuevamente, los derechos humanos y la literatura mordaz están siendo claves en América Latina para repensar las éticas, estéticas e intersecciones en torno a los diferentes cuerpos que pueblan los textos literarios y jurídicos. Espero que el cruce entre ambas disciplinas ayude a apuntalar, de modo más creativo y asertivo, la crítica a las complejas y denigrantes relaciones de poder en nuestra región para que las máscaras de la ley y la cultura no escondan y jerarquicen los cuerpos, sino les den arropo y posibilidad de acción encarnada y digna.

REFERENCIAS BIBLIOGRÁFICAS

Achugar, Hugo (2002). "Historias paralelas/historias ejemplares: La historia y la voz del otro". En: John Beverley y Hugo Achugar (Eds.). *La voz del otro: testimonio, subalternidad y verdad narrativa* (pp. 61-84). Guatemala: Universidad Rafael Landívar.

Adorno, Theodor (1983). *Teoría estética*. Barcelona: Orbis.

Agamben, Giorgio (2005). *El archivo y el testigo. Homo Sacer III*. Valencia: Pre-textos.

Ahmed, Sara (2015). *La política cultural de las emociones*. México: UNAM.

Amodio, Emanuele (1993). *Formas de la alteridad. Construcción y difusión de la imagen del indio americano en Europa durante el primer siglo de la conquista de Am*érica. Quito: Abya-Yala.

Anderson, Benedict (1993). *Comunidades imaginadas. Reflexiones sobre el origen y difusión del nacionalismo*. México: Fondo de Cultura Económica.

Appadurai, Arjun (2001). "Grassroots Globalization and the Research Imagination." En: Arjun Appadurai (Ed.). *Globalization* (pp. 1–21). Durham, NC: Duke University.

Arízaga, José Rafael (1870). *La Guirnalda Literaria*. Guayaquil: De Calvo i Ca.

Bal, Mieke (1987). *Teoría de la narrativa* (*Una introducción a la Narratología*). Madrid: Cátedra.

Balkin, Jack y Levinson, Sanford (2010). "Los cánones en el derecho constitucional". En: Miguel Carbonell y Leonardo García Jaramillo (Eds). *El canon neoconstitucional* (pp. 31-104). Madrid: Trotta.

Balseca, Fernando (2001). "En busca de nuevas regiones: la nación y la narrativa ecuatoriana". En: Gabriela Pólit Dueñas (Comp.). *Antología: crítica literaria ecuatoriana hacia un nuevo siglo* (pp. 141-155). Quito: FLACSO.

Barreiro, Rubén (1990). *De nuestras lenguas y otros discursos*. Asunción: Biblioteca de Estudios Paraguayos.

Barrera-Agarwal, María Helena (2015). *Dolores Veintimilla más allá de los mitos*. Quito: Academia Nacional de Historia.

Barthes, Roland (1987). "La muerte de un autor". En: *El susurro del lenguaje* (pp. 65-73). Barcelona: Paidós.

Baudrillard, Jean (1978). *Cultura y simulacro*. Barcelona: Kairós.

Bedoya, María Rocío (2012). "Las desigualdades de género en la globalización: el caso de los contingentes de trabajadoras colombianas hacia España". *Dilemata* 10, 5-29.

Benveniste, Emile (1983). *Vocabulario de las instituciones indoeuropeas*. Madrid: Taurus.

Berlant, Lauren (2005). "The epistemology of State emotion". En: Austin Sarat (Ed.). *Dissent in Dangerous Times* (pp. 46–78). Ann Arbor Michigan: University of Michigan Press.

Bersani, Leo (2010). *Is the Rectum a Grave? And other essays*. Chicago: Chicago University Press.

Bertonio, Ludovico (1984). *Vocabulario de la lengua aymara*. Cochabamaba: Centro de Estudios Económicos y de la Realidad Social.

Besley, Tina y Peters, Michael (2007). *Subjectivity & Truth: Foucault, Education, and the Culture of Self*. New York: Peter Lang.

Bloom, Harold (1994). *The Western Canon. The Books and Schools of the Ages*. New York: Harcourt Brace & Co.

Bolaño, Roberto (2006). *Putas Asesinas*. Barcelona: Anagrama.

Botero, Andrés (2016). "La tragedia colombiana: un análisis iusfilosófico y narrativo de Edipo Alcalde". En: Falconí Trávez, Diego (Ed.). *A medio camino: Intertextos entre la literatura y el derecho* (pp. 51-81). Valencia: Tirant lo Blanch.

Boyd White, James (2015). "'Derecho y literatura': un no manifiesto". En: Jorge Roggero (Comp.). *Derecho y literatura: Textos y contextos* (pp. 29-47). Buenos Aires: Editorial Universitaria.

Burneo, Cristina (2022). *Historias de desobediencia*. Quito: Recodo Press.

Bustos, Guillermo (2010). "La irrupción del testimonio en América Latina: intersecciones entre historia y memoria. Presentación del dossier 'Memoria, historia y testimonio en América Latina'". *Historia Crítica* 40, 10-19.

Bustos, Guillermo (2007). "La hispanización de la memoria pública en el cuarto

centenario de fundación de Quito". En: Christian Büschges, Guillermo Bustos y Olaf Kaltmeier (Eds.). *Etnicidad y poder en los países andinos* (pp. 116-117). Quito: Corporación Editora Nacional.

Butler, Judith (2014). "Vida precaria, vulnerabilidad y ética de cohabitación". En: Begonya Saéz Tajafuerce (Ed.). *Cuerpo, memoria y representación. Adriana Cavarero y Judith Butler en diálogo* (pp. 47-81). Barcelona: Icaria.

Butler, Judith (2010). *Marcos de guerra. Las vidas lloradas.* Barcelona: Paidós.

Butler, Judith (2006). *Vida precaria. El poder del duelo y la violencia.* Barcelona: Paidós.

Butler, Judith (2001). *El grito de Antígona.* Barcelona: El Roure.

Camps, Victoria (2012). *La voluntad de vivir.* Barcelona: Ariel.

Cantwell, Alan (1995). *AIDS and the Doctors of Death: An Inquiry Into the Origin of the AIDS Epidemic.* Los Ángeles: Aries Rising Press.

Carli, Sandra (2010). "Notas para pensar la infancia en la Argentina (1983-2001): figuras de la historia reciente". *Educaçao em Revista* 26, 351-382.

Carosio, Alba (2009). "Feminismo latinoamericano: imperativo ético para la emancipación". En: Alicia Girón (Coord.). *Género y globalización* (pp. 229-252). Buenos Aires: CLACSO.

Cavarero, Adriana (2014). "Inclinaciones desequilibradas". En: Begonya Saéz Tajafuerce (Ed.). *Cuerpo, memoria y representación. Adriana Cavarero y Judith Butler en diálogo* (pp. 17-39). Barcelona: Icaria.

Cerruti Basso, Stella (2003). "Impacto de las nuevas tecnologías en reproducción humana". En: Luis Elbert (Ed.). *Bioética: compromiso de todos* (pp. 71-91). Montevideo: Ediciones Trilce.

Chávez Courtright, Nicola (2017). "Seguimos desapareciendo a las trans". *Revista Cuadrivio*, Noviembre 2017, 1-10.

CIDH (2015). *Caso Gonzáles Lluy y otros vs. Ecuador.* Sentencia de 1 de septiembre de 2015. Excepciones Preliminares, Fondo, Reparaciones y Costas.

Cieza de León, Pedro (2005). *Crónica del Perú. El señorío de los Incas.* Caracas: Biblioteca Ayacucho.

Cixous, Helene (1986). "Sorties". En: H. Cixous & C. Clément (Eds.). *The newly born woman* (pp. 69-73, 78-86, 131). Manchester: Manchester University.

Clúa Ginés, Isabel (2000). "Los secretos de las damas muertas: dos reelaboraciones de lo fantástico en la obra de Emilia Pardo Bazán". *Cuadernos de investigación filológica* 26, 125-135.

Comunidad Mujeres Creando (2010). *Hilando Fino: desde el feminismo comunitario.* La Paz: Moreno Artes Gráficas.

Connel, Robert. (1995). "La organización social de la masculinidad". En: Teresa Valdés y José Olavarría (Eds.) *Masculinidad/es: poder y crisis* (31-48). Santiago de Chile: Ediciones de las Mujeres.

Cornejo Polar, Antonio (2005). "El comienzo de la heterogeneidad en las literaturas andinas: voz y letra en el 'diálogo' de Cajamarca". *Signos Literarios* 2, 169-236.

Cornejo Polar, Antonio (2003). *Escribir en el aire. Ensayo sobre la heterogeneidad socio-cultural de las literaturas andinas.* Lima: CELACP-Latinoamericana editores.

Cortázar, Julio (2004). Último Round. México: Siglo XXI Editores.

Cortés, José Miguel (2011). *Deseos, cuerpos y ciudades.* Barcelona: Edi UOC.

Crenshaw, Kimberlee (1989). "Demarginalizing the Intersection of Race and Sex: A Black Feminist Critique of Antidiscrimination Doctrine, Feminist Theory and Antiracist Politics". *University of Chicago Legal Forum* 14, 139-167.

Cvetkovich, Ann (2018). *Un archivo de sentimientos. Trauma, sexualidad y culturas públicas lesbianas.* Barcelona: Edicions Bellaterra.

Cvetkovich, Ann (2012). *Depression. A public feeling.* Durham y Londres: Duke UP.

Deleuze, Gilles y Guattari, Félix (2002). *Mil mesetas. Capitalismo y esquizofrenia.* Valencia: Pre-textos.

de Man, Paul (1991). "La autobiografía como desfiguración". *Anthropos: Boletín de información y documentación* 29, 113-118.

D'Emilio, John (1993). "Capitalism and Gay Identity". *Making Trouble. Essays on Gay History, Politics, and the University* (pp. 3-17). New York: Routledge.

Díaz Ruiz, Fernando (2010). "La identidad gay de una drag queen globalizada en *Al diablo la maldita primavera* de Alonso Sánchez Baute". *Estudios de literatura Colombiana* 26, 95-108.

Diez Echarri, Emiliano y Roca, José María (1960). *Historia de la literatura española e hispanoamericana*, II. Madrid: Ediciones Aguilar.

Dunne, Linda (2000). "Autobiography". En: Bonnie Zimmerman (Ed.). *Lesbian Histories and Cultures* (pp. 87-89). New York: Garland Publishing.

Dworkin, Richard (1996). "How Law is like Literature". En: Leonora Ledwon (Ed.). *Law and Literature. Text and Theory* (pp. 29-46). New York: Garland Publishing.

Dworkin, Ronald (2012). *El imperio de la justicia*. Barcelona: Gedisa.

Edelman, Lee (2014). *No al futuro*. Barcelona: Egales.

Equipo de Taller de Comunicación Mujer (2017). *Retratos del Encierro. Sobrevivientes de las clínicas de deshomosexualización*. Quito: Silva Artes Gráficas.

Esguerra Muelle, Camila (2014). "Dislocación y borderland: Una mirada oblicua desde el feminismo descolonial al entramado migración, régimen heterosexual, (pos) colonialidad y globalización". *Universitas Humanística* 78, 137-161. doi: 10.11144/Javeriana.UH78.dbmo.

Even-Zohar, Itamar (1999). "La literatura como bienes y como herramientas". En: Darío Villanueva, Antonio Monegal y Enric Bou (Coords.). *Sin fronteras: ensayos de literatura comparada en homenaje a Claudio Guillén* (pp. 27-36). Madrid: Castalia.

Falconí Trávez, Diego (2021). "Autorías y textos latinoamericanos en el estrado: literatura testimonial y violaciones a los derechos humanos en Jorge Galán y Graciela Bialet Diego Falconí Trávez". *Cuadernos de Literatura* 26. doi: https://doi.org/10.11144/Javeriana.cl26.atle

Falconí Trávez, Diego (Ed.) (2018). *Inflexión marica. Escrituras del descalabro gay en América Latina*. Barcelona: Egales.

Falconí Trávez, Diego (2016a). "El cuerpo del delito *hembra,* el cuerpo del delito marica. Intertextos (intercuerpos) estatales entre la literatura y el derecho". En: Diego Falconí Trávez (Ed.). *A medio camino. Intertextos entre la literatura y el derecho* (pp. 365-396). Valencia: Tirant lo Blanch.

Falconí Trávez, Diego (2016b). "Políticas cuy-r: pautas literarias del re-sentimiento andino". En: Juan Ramón de la Fuente y Pedro Herrero (Eds.). *El reconocimiento de las diferencias: Estados, naciones e identidades en la globalización* (pp. 75-91). Barcelona: Marcial Pons.

Falconí Trávez, Diego (2016c). *De las cenizas al texto. literaturas andinas de las disidencias sexuales en el siglo XX*. La Habana: Editorial Casa de las Américas.

Falconí Trávez, Diego (2015). "Una puruma compartida: una revisión desde la teoría literaria de la autoría feminista, comunitaria y aymara de Julieta Paredes y la Comunidad Mujeres Creando". *Kipus* 37, 25-54.

Falconí Trávez, Diego (2012). *Las entrañas del sujeto jurídico. Un diálogo entre la literatura y el derecho.* Barcelona: EdiUOC.

Fals Borda, Orlando (2015). *Una sociología Sentipensante para América Latina.* Buenos Aires: CLACSO.

Fanón, Frantz (2007). *Los condenados de la tierra.* México: FCE.

Fernández Benítez, Hans (2015). "Testimonios indígenas conosureños: ¿convivencias excluyentes?". *Kamchatka. Revista de análisis cultural* 6, 393-406.

Flax, Jane (1993). "Postmodernism and Gender Relations in Feminist Theory". En: Clark Vévé (Ed.). *Revising the Word and the World.* Chicago: The University of Chicago Press.

Fokkema, D. W. (1998). "La literatura comparada y el nuevo paradigma". En: María José Vega y Neus Carbonell (Eds.). *La literatura comparada: principios y métodos* (pp. 100-113). Madrid: Gredos.

Fornet-Betancourt, Raúl, Becker, Helmut y Gómez-Muller, Alfredo (2009). "La ética del cuidado de uno mismo como práctica de la libertad". *Topologik. Rivista internazionale di scienze filosofiche, pedagogiche e social* 5, 11-28.

Foucault, Michel (2012). "Tecnologías del yo". En: *Tecnologías del yo y otros textos afines* (pp. 45-86). Barcelona: Espasa.

Foucault, Michel (2007). *Los anormales.* Buenos Aires: FCE.

Foucault, Michel (1998). "¿Qué es un autor?". *Litoral 25/26*, 35-51.

Franco, Jean (2000). "Un matrimonio imperfecto Estudios Culturales y Feminismo". *Nuevo Texto Crítico* 13 (1), 75-85. doi: 10.1353/ntc.2000.0008

Fries, Lorena y Matus, Verónica (1999). *El derecho: trama y conjura patriarcal.* Santiago: Colección Contraseña.

García Méndez, Emilio (2010). "Infancia, ley y democracia: una cuestión de justicia". En: Ramiro Ávila Santamaría et al. (Ed.). *Derechos y Garantías de la Niñez y Adolescencia. Hacia la Consolidación de la Doctrina de la Protección Integral* (pp. 3-25). Quito: Ministerio de Justicia y Derechos Humanos.

García, Paola (2006). "Estrategias identitarias de los inmigrantes argentinos y ecuatorianos en Madrid". *Revista Alternativas: Cuadernos de trabajo Social* 14, 95-112.

García, Victoria (2012). "Testimonio literario latinoamericano: una reconsideración histórica del género". *Exlibris* 1, 371-389.

Gil Hernández, Franklin (2020). *Políticas antigénero en América Latina: Colombia.* Rio de Janeiro: Observatorio de Sexualidad y Política.

Goodrich, Peter (2015). "El derecho en la pantalla". En: Jorge Rogger (Comp.). *Derecho y literatura. Textos y contextos* (pp. 245-264). Buenos Aires: Eudeba.

González de León, Ma del Carmen (2020). "*Eros, logos* y distancia en la poesía de Cristina Peri Rossi". En: Claudia Pérez y Néstor Sanguinetti (Eds.). *56 años viviendo con Cristina Peri Rossi* (pp. 205-215). Montevideo: Universidad de la República de Uruguay.

Gregg, Melissa y Seigworth, Gregory (2010). "An inventory of Shimmers". En: Melissa Gregg y Gregory Seigworth (Eds.). *The Affect Theory Reader* (pp. 1-29). Durham y Londres: Duke University Press.

Guamán Poma de Ayala (1989). *Nueva Corónica y buen gobierno.* Madrid: Visor Libros.

Gubar, Susan (1999). "La página en blanco". En: Marina Fe (Ed.). *Otramente: lectura y escritura feministas* (pp. 175-203). México: Fondo de Cultura Económica.

Guha, Ranajit (1988). "On Some Aspects of the Historiograph of Colonial India". En: Ranajit Guha y Gayatry Spivak (Eds.). *Selected Subaltern Studies* (pp. 7-46). Nueva York: Oxford University Press.

Gutiérrez de Santa Clara, Pedro (1905). *Historia de las guerras civiles del Perú (1544-1548) y de otros sucesos de las Indias,* tomo III. Disponible en: http://www.cervantesvirtual.com/obra-visor/cronistas-coloniales-primera-parte—0/html/.

Halberstam, Jack(/Judith) (2018). *El arte queer del fracaso.* Barcelona: Egales.

Halberstam, Jack(/Judith) (2005). *In a Queer Time and Place. Transgender Bodies, Subcultural Lives.* New York: NYU Press.

Hall, Stuart (2008). "¿Cuándo fue lo postcolonial? Pensar al límite". En: Sandro Mezzandra (Comp.). *Estudios Postcoloniales. Ensayos fundamentales* (pp. 121-144). Madrid: Traficantes de sueños.

Haraway, Donna (1991): *Ciencia, cyborgs y mujeres La reinvención de la naturaleza.* Madrid: Cátedra.

Harris, Angela P. (1990). "Race and Essentialism in Feminist Legal Theory". *Stanford Law Review* 42 (3), 581–616. doi: 10.2307/1228886

Heilbrun, Carolyn y Resnik, Judith (1996). "Convergences: Law, Literature, and Feminism". En: Leonora Ledwon (Ed.). *Law and Literature. Text and Theory* (pp. 91-94). New York: Garland Publishing.

Hemmings, Clare (2015). "Affect and Feminist Methodology, Or What Does It Mean to be Moved?". En: Devika Sharms y Frederik Tygstrup (Eds.). *Structures of Feeling: Affectivity and the Study of Culture* (pp. 147-158). Berlín: De Gruyter. doi: 10.1515/978311.365481.147

Herrera, Gioconda (2013). *Lejos de tus pupilas. Familias transnacionales, cuidados y desigualdad social en Ecuador*. Quito: ONU Mujeres-FLACSO.

Intebi, Irene (2008). *Abuso Sexual Infantil: En las mejores familias*. Buenos Aires: Garnica.

Jay, Martin (2007). *Ojos abatidos*. Madrid: Akal.

Jiménez Moreno, Manuel (2021). "El derecho a la palabra en *El libro centroamericano de los muertos* y *Cartas a la primavera*. Escuchar el voseo del sur". *Interpretatio. Revista de hermenéutica* 6 (2), 105-115.

Kafka, Franz (2004). *El proceso*. Madrid: Valdemar.

Karam Trinidade, André y Magalhães Gubert, Roberta (2009). "Derecho y literatura. Acercamientos y perspectivas para repensar el derecho". *Revista del Instituto de Investigaciones Ambriosio L. Gioja* 4, 164-213.

Karam, Henriete (2020). "Dictadura, censura y resistencia. Sátira política y realismo mágico en *Incidente de Antares*, de Enrico Verissimo". En: Diego Falconí Trávez (Ed.). *El poder de la palabra. Reflexiones en torno a la libertad de expresión desde el derecho y la literatura* (pp. 123-140). Valencia: Tirant lo Blanch.

Kimmel, Michael (2005). *The History of Men: Essays in the History of American and British Masculinities*. Albany: State University of New York Press.

Kramer, Larry (2000). "The Normal Heart". En: *The Normal Heart and the Destiny of Me: Two Plays* (pp. 18-117). New York: Grove Press.

Lagarde, Marcela (1996). *Género y feminismo: Desarrollo humano y democracia*. Madrid: Horas y horas.

Lejeune, Philippe (1991). "El pacto autobiográfico". *Anthropos: Boletín de información y documentación* Nº Extra 29, 47-62.

Lemebel, Pedro (2000). *Loco afán. Crónicas del sidario*. Barcelona: Anagrama.

Llamas, Ricardo (2002). *Teoría torcida. Prejuicios y discursos en torno a la homosexualidad.* Madrid: Siglo XXI.

López de la Vieja, María Teresa (2008). *Bioética y ciudadanía. Nuevas fronteras de la ética.* Madrid: Biblioteca Nueva.

López Rodríguez, Fabiola (2018). "El chisme: estrategias discursivas desplegadas en su construcción". *Estudios de lingüística aplicada* 67, 9-43. doi: 10.22201/enallt.01852647p.2018.67.723

Lorde, Audre (1984). "Uses of the Erotic: The Erotic as Power". *Sister Outsider. Essays and Speeches* (pp. 53-60). Berkley: Crossing Press.

Ludmer, Josefina (1984). "Las tretas del débil". En: Patricia Elena González y Eliana Ortega (Eds.). *La Sartén por el mango: encuentro de escritoras latinoamericanas* (pp. 47-54). Puerto Rico: Huracán.

Lugones, María (1999). "Pureza, Impureza y Separación". En: Neus Carbonell y Meri Torras (Eds.). *Feminismos literarios* (pp. 235-264). Madrid: Arco Libros.

Maldonado Torres, Nelson (2007). "Sobre la colonialidad del ser: contribuciones al desarrollo de un concepto". En: Santiago Castro-Gómez y Ramón Grosfoguel (Eds.). *El giro decolonial. Reflexiones para una diversidad epistémica más allá del capitalismo global* (pp. 127-167). Bogotá: Siglo del Hombre Editores.

Marí, Enríque Eduardo (2015). "Derecho y literatura. Algo de lo que sí se puede hablar pero en voz baja". En: Jorge Roggero (Comp.). *Derecho y literatura. Textos y contextos* (pp. 195-228). Buenos Aires: Eudeba.

Massumi, Brian (2002). *Parables for the Virtual: Movement, Affect, Sensation.* Durham: Duke University Press.

Méndez Torres, Georgina (2013). "Mujeres Mayas-Kichwas en la apuesta por la descolonización de los pensamientos y corazones." En: Juan López Iztín, Sylvia Marcos, Georgina Méndez Torres y Carmen Osorio Hernández (Coords.). *Sentipensar el género: perspectivas desde los pueblos originarios* (pp. 27-62). Guadalajara: Red de Feminismos Descoloniales.

Mera, Juan León (1879). *Cumandá.* Quito: Imprenta del Clero.

Mera, Juan León (1970). *Ojeada Histórico-Crítico sobre la poesía ecuatoriana.* Quito: Clásicos Ariel. (Primera publicación en 1868)

Meruane, Lina (2012). *Viajes virales.* México: FCE.

Miller, James (1993). *The Passion of Michel Foucault.* Cambridge: Harvard University Press.

Millet, Kate (1995). *Política sexual.* Madrid: Cátedra.

Montané, Luis (2010). "La pederastia en Cuba". En: José Quiroga (Ed.). *Mapa callejero: Crónicas sobre lo gay desde América latina* (pp. 52-69). Buenos Aires: Eterna Cadencia.

Montero, Oscar (1995). "Julián del Casal and the Queers of Havana". En: Paul Julian Smith y Emilie L. Bergmann (Eds.). *¿Entiendes?: Queer Readings, Hispanic Writings* (pp. 92-112). Durham: Duke UP.

Montero Sánchez, Susana (2002). *La construcción simbólica de las identidades sociales.* México: Plaza y Valdés.

Muñoz, José Esteban (2009). *Cruising Utopia: The Then and There of Queer Futurity.* New York: New York UP.

Murúa, Fray Martín de (2000). *Historia General del Perú.* Madrid: Dastin.

Negrón, Luis (2011). "El jardín". *Loco afán* (pp. 49-57). San Juan: Germinal.

Newton, Judith (2002). "Studying masculinities: The longed for profemenist movement for academic men?". En: Judith Kegan Gardiner (Ed.). *Masculine Studies and Feminine Theory* (pp. 176-192). New York: Columbia University Press.

Nunokawa, Jeff (1991). "'All the Sad Young Men' AIDS and the Work of Mourning". En: Diana Fuss (Ed.). *Inside/Out* (pp. 311-323). New York: Routledge.

Nussbaum, Marta (1995). *Poetic Justice. The Literary Imagination and Public Life.* Boston: Beacon Press.

Olivera-Williams, Ma Rosa (2018). Cristina Peri Rossi: cartas a su madre. Los avatares de la entrada forzada a la globalización. *Revista de la Academia Nacional de Letras* 14, 63-73.

Olson, Greta (2012). "Law is not Turgid and Literature not soft and Fleshy: Gendering and Heteronormativity in Law and Literature Scholarship". *Australian Feminist Law Journal* 36 (1), 65–86.

Ost, François (2015). "El reflejo del derecho en la literatura". En: Jorge Roggero (Comp.). *Derecho y literatura: Textos y contextos* (pp. 153-170). Buenos Aires: Editorial Universitaria.

Oudshoorn, Nelly (1994). *Beyond the natural body. An archeology of sex hormones.* London: Routledge.

Page, William (1986). "The place of Law and Literature". *Vanderbilt Law Review* 39, 408-415.

Pan, David (2003). "The Persistence of Patriarchy in Franz Kafka's *Judgment*". *ORBIS Litterarium* 55 (2), 135-160.

Palacio, Pablo (2000a). "Un hombre muerto a puntapiés". En: Wilfrido Corral (Comp.). *Pablo Palacio. Obras Completas.* Madrid: CRLA Archivos. (Primera publicación en 1926)

Palacio, Pablo (2000b). "Relato de la muy sensible desgracia acaecida en la persona del joven Z". En: Wilfrido Corral (Comp.). *Pablo Palacio. Obras Completas.* Madrid: CRLA Archivos. (Primera publicación en 1927)

Palacio, Pablo (2000c). "El antropófago". En: Wilfrido Corral (Comp.). *Pablo Palacio. Obras completas.* Madrid: CRLA Archivos. (Primera publicación en 1928)

Pedone, Claudia (2006). *Tú Siempre Jalas a los Tuyos. Estrategias Migratorias y Poder.* Quito: Ediciones Abya-Yala.

Pelayo, Purita (2021). *Los fantasmas se cabrearon. Crónicas de la despenalización de la homosexualidad en el Ecuador.* Quito: Severo/USFQ Press.

Perassi, Emilia (2017). "Herederos del testimonio. El caso italiano". En: Emilia Perassi y Giuliana Calabrese (Eds.). *Donde No Habite el Olvido: Herencia y transmisión del testimonio en Argentina* (pp. 331-344). Milán: Ledizioni.

Pérez, Galo René (2011). *La literatura del Ecuador. Crítica y selecciones.* Quito: Abya-Yala.

Pérez Balbi, Magdalena. "Sobre los puntos suspensivos. Una breve discusión terminológica sobre prácticas de activismo artístico". VIII Jornadas de Sociología de la Universidad Nacional de La Plata, 3 al 5 de diciembre de 2014, Ensenada, Argentina. En Memoria Académica. Disponible en: http://www.memoria.fahce.unlp.edu.ar/trab_eventos/ev.4207/ev.4207.pdf

Pérez Pimentel, Rodolfo (1987). *Diccionario Bibliográfico del Ecuador.* Guayaquil: Universidad de Guayaquil.

Peri Rossi, Cristina (2020). *La insumisa.* Palencia: Menoscuarto.

Peri Rossi, Cristina (2014a). *Julio Cortázar y Cris.* Palencia: Calamo.

Peri Rossi, Cristina (2014b). "Tristán e Isolda". *Revista de la Academia Nacional de Letras del Uruguay* 14, 86-89.

Peri Rossi, Cristina. (2005). *Poesía reunida.* Barcelona: Lumen.

Peri Rossi, Cristina (1996). "Mi primer amor". En: Laura Freixas (Ed.). *Madres e hijas* (pp. 59-65). Barcelona: Anagrama.

Perlongher, Néstor (1997). "La batalla homosexual en Argentina". *Prosa Plebeya.* Buenos Aires: Colihue.

Pleitez Vela, Tania (2020). "'*I'm sure*,' seguro que nada pasó". Alteridad del niño migrante en *Unaccompanied* de Javier Zamora". En: Diego Falconí Trávez (Ed.). *El poder de la palabra* (pp. 157-208). Valencia: Tirant lo Blanch.

Posada, Diego (2021). "Conversación con Diego Falconí". Inédito, archivo privado.

Posada, Diego (2020). *Consti-tución re-pública rarita.* La Escocesa.

Posada, Diego (2019). "La emergencia de la ideología de género® en Colombia. Preferir un hijo muerto que marica". *Cuadernos de música, artes visuales y artes escénicas* 14 (2), 75-101.

Posner Richard (1996). "Law and Literature: A Relation Reargued". En: Leonora Ledwon (Ed.). *Law and Literature. Text and Theory* (pp. 61-90). New York: Garland Publishing.

Pozuelo Yvancos, José María y Aradra Sánchez, Rosa María (2000). *Teoría del canon y literatura española.* Madrid: Cátedra.

Pujadas, Joan y Massal, Julie (2002). "Migraciones ecuatorianas a España: procesos de inserción y claroscuros". *Iconos. Revista de Ciencias Sociales* 14, 67-87.

Punte, María José (2018). *Topografías del estallido. Figuras de infancia en la literatura argentina.* Buenos Aires: Ediciones Correjidor.

Rama, Angel (1998). *La ciudad letrada.* Montevideo: Arca.

Resnik, Judith (1993). "Revising the Canon: Feminist Help in Teaching Procedure". *Cincinnati Law Review* 61, 1181-1199.

Reyes, Alfonso (1989). "Constelación Americana". En: Víctor Díaz Arciniegas (Ed.). *Vocación de América: Antología* (pp. 312-338). México: FCE.

Ricoeur, Paul (2001). *La metáfora viva.* Madrid: Editorial Trotta.

Ricoeur, Paul (1996). *Sí mismo como otro.* Madrid: Siglo XXI.

Robinson, Lillan (1998). "Traicionando nuestro texto. Desafíos feministas al canon literario". En: Enric Sullà (Ed.). "El debate sobre el canon literario". *El canon literario* (pp. 115-137). Madrid: Arco Libros.

Robles, Humberto (2005). "Representación de la mujer en dos escritores ecuatorianos Medardo Ángel Silva y José de la Cuadra". *Revista Iberoamericana,* LXXXI (210), 121-143.

Rodríguez, Claudia Anais (Directora). (2012). *Loka, loka, loka* (corto documental). Productora Al Borde Producciones, 6 minutos.

Rodríguez Pinzón, Erika (2017). "El resultado del plebiscito por la paz en Colombia. Entre la participación y la razón de estado". *Revista Jurídica de la Universidad Autónoma de Madrid* 36, 171-183.

Roggero, Jorge (2018). "Comunidades, textualidad, otredad y derecho. Una lectura de Robin West". *Iuris Dicto* 18, 37-46. Disponible en: https://revistas.usfq.edu.ec/index.php/iurisdictio/article/view/776/1048.

Roggero, Jorge (2015). "Hay 'Derecho y literatura' en Argentina". En: Jorge Roggero (Comp.). *Derecho y literatura. Textos y contextos* (pp. 245-264). Buenos Aires: Eudeba.

Rousseau, Jean-Jacques (2008). *El contrato social* (Fer Ríos, Traductor). Valladolid: Maxtor. (Primera publicación en 1762)

Rubin, Gayle (1989). "Reflexionando sobre el sexo: notas para una teoría radical de la sexualidad". En: Carole Vance (Ed.). *Placer y peligro: explorando la sexualidad femenina* (pp. 113-190). Madrid: Revolución.

Sánchez Gómez, Gonzalo (2018). "Testimonio, Justicia y Memoria. Reflexiones preliminares sobre una trilogía actual". *Estudios Políticos* 53, 19-47.

Sarduy, Severo (1969). *Escrito sobre un cuerpo: ensayos de crítica.* Buenos Aires: Sudamericana.

Sedgwick, Eve Kosofsky (2007). *Epistemología del armario.* Barcelona: Ediciones Tempestad.

Sedgwick, Eve Kosofsky (2003). *Touching Feeling: Affect, Pedagogy, Performativity.* Durham y Londres: Duke University Press.

Sedgwick, Eve Kosofsky (1998). *Epistemología del armario.* Barcelona: Ediciones Tempestad.

Sedgwick, Eve Kosofsky (1992). *Between Men: English Literature and Male Homosocial Desire.* New York: Columbia University Press.

Segas, Lise (2016). "Mujeres indígenas en la épica histórica hispanoamericana". *Hipogrifo: Revista de literatura y cultura del Siglo de Oro* 4 (1), 119-138.

Segato, Rita Laura (2018). *Contra-pedagogías de la crueldad.* Buenos Aires: Prometeo libros.

Serra Maiorano, Giorgio (2004). "Cumandá o la idealización del indígena". *Revista Hispanista* 24, 1-7.

Smith, Verity (Ed.) (1997). *Encyclopedia of Latin American Literature.* London: Fitzroy Dearborn.

Sommer, Doris (2006). "Un círculo de deseo: los romances nacionales en América Latina". *Araucaria,* 8 (16), 3-25.

Sontag, Susan (2008). *La enfermedad y sus metáforas. El sida y sus metáforas.* Barcelona: Debolsillo.

Sontag, Susan (2000). *Ante el dolor de los demás.* Madrid: Alfaguara.

Soto-Hoyos, Juan Francisco (2014). "Jurisprudencia literaria en Colombia: los usos de la literatura en las decisiones judiciales". *Summa Iuris* 2 (2), 217-251.

Stanton, Donna (1985). "Autogynography: Is the Subject Different?". En: Donna C. Stanton (Ed.). *The Female Autograph* (pp. 3-20). New York: University of Chicago Press.

Sullà, Enric (1998). "El debate sobre el canon literario". En: Enric Sullà (Ed.). *El canon literario* (pp. 11-36). Madrid: Arco Libros.

Tanzi, Silvana (2020). "*La insumisa,* autobiografía de Cristina Peri Rossi". *Academia Nacional de Letras.* Disponible en: http://www.academiadeletras.gub.uy/innovaportal/v/124380/46/mecweb/la-insumisa-autobiografia-de-cristina-peri-rossi?parentid=36899 (20 de agosto de 2022).

Tinajero, Fernando (1982). *Imagen literaria del Ecuador.* Barcelona: Océano.

Torras, Meri (2016). "Sin derecho a la literatura. Autentificaciones sin firma (o el caso de la epistológrafa que no pudo ser autora)". En: Diego Falconí (Ed.). *A medio camino. Intertextos entre el derecho y la literatura* (pp. 137-164). Valencia: Tirant lo Blanch.

Torras, Meri (2008). "El delito del cuerpo. De la evidencia del cuerpo al cuerpo en evidencia". En: Meri Torras (Ed.). *Cuerpo e identidad. Estudios de género y sexualidad* (pp. 12-36). Barcelona: Universitat Autónoma de Barcelona.

Torras, Meri (2006). *Corporizar el pensamiento. Escrituras y lecturas del cuerpo en la cultura occidental.* Vilagarcia de Arousa: Mirabel Editorial.

Torras, Meri (2001). *Tomando cartas en el asunto. Las amistades peligrosas de las mujeres con el género epistolar.* Zaragoza: Prensas Universitarias de Zaragoza.

Tribunal Constitucional (1997). *Resolución 106-1-97*. 25 de noviembre de 1997.

Valencia, Sayak (2019). "Necropolitics, Postmortem/ Transmortem Politics, and Transfeminisms in the Sexual Economies of Death". *TSQ* 6 (2), 180–193. doi: 10.1215/23289252-7348468.

Vallejo, Fernando (2007). *El desbarrancadero*. Barcelona: Alfaguara.

Vargas, Jakeline y Díaz, Ángela María (2018). "Enfoque de género en el acuerdo de paz entre el Gobierno colombiano y las Farc-EP. Transiciones necesarias para su implementación". *Araucaria* 20 (39), 389-414.

Veintimilla de Galindo, Dolores (1908). *Producciones Literarias*. Quito: Casa Editorial Proaño y Delgado.

Vera Rojas, María Teresa (2014). "Humanismo, heteronormatividad y homofobia en el socialismo del siglo XXI: el amor como consigna". En: Diego Falconí Trávez et al. (Ed.) *Resentir lo queer en América Latina. Diálogos con/en el Sur* (pp. 165-193). Barcelona: Egales.

Walsh, Catherine Elizabeth (2015). "Sobre el género y su modo-muy-otro". En: Pablo Quintero (Comp.). *Alternativas descoloniales al capitalismo moderno* (pp. 165-181). Buenos Aires: Ediciones del Signo.

Walsh, Catherine Elizabeth (2003). *Estudios culturales latinoamericanos: retos desde y sobre la región andina*. Quito: Abya-Yala.

Ward, Ian (2015). "La educación jurídica y la imaginación democrática". En: Jorge Roggero (Comp.). *Derecho y literatura. Textos y contextos* (pp. 81-112). Buenos Aires: Eudeba.

Wayar, Marlene (2021). *Furia travesti*. Buenos Aires: Paidós.

Wayar, Marlene (2019). *Travesti. Una Teoría lo suficientemente buena*. Buenos Aires: Muchas Nueces.

Weil, Lisa (1994). "Virginia Woolf's To the Lighthouse: Toward an Integrated Jurisprudence". *Yale Journal of Law & Feminism* 6 (57), 1-70.

West, Robin (2015). "Comunidades, textos y derecho: reflexiones sobre el movimiento 'Derecho y literatura'". En: Jorge Roggero (Ed.). *Derecho y literatura: textos y contextos* (pp. 49-80). Buenos Aires: Eudeba.

West, Robin (1997). *Caring for Justice*. New York: New York UP.

Winnet, Susan (1999). "Distinciones: Mujeres, hombres, narrativa y principios de placer." En: Neus Carbonell y Meri Torras (Eds.). *Feminismos literarios* (pp. 147-174). Madrid: Arco Libros.

Wittig, Monique (2005). "A propósito del contrato social" (Javier Saez y Paco Vidarte, Traductores). En: Monique Wittig. *El pensamiento heterosexual y otros ensayos* (pp. 59-71). Barcelona: Egales. (Primera publicación en 1992)

Wittig, Monique y Sande Zeig (1981). *Borrador para un diccionario de las amantes.* Barcelona: Lumen.

Zamorano Rueda, Ana (2021). "'Para que yo pudiera amarte / Virginia Woolf tuvo que escribir Orlando': La escritura autobiográfica de Cristina Peri Rossi". *Clepsydra* 21, 33-51.